필사 시크릿

5인의 필사 후 특별한 경험담

필사 시크릿

초판 1쇄 발행 | 2023년 2월 24일

지은이 | 고윤아, 정은혜, 이두현, 임미선, 나애정
펴낸이 | 김지연
펴낸곳 | 생각의빛

주 소 | 경기도 파주시 한빛로 70 515-501
출판등록 | 2018년 8월 6일 제 406-2018-000094호

ISBN | 979-11-6814-022-6 (03190)

원고 투고 | sangkac@nate.com

* 값 14,500원

* 생각의빛은 삶의 감동을 이끌어내는 진솔한 책을 발
간하고 있습니다. 참신한 원고가 준비되셨다면 망설이
지 마시고 연락주세요.

필사 시크릿

고윤아, 정은혜, 이두현, 임미선, 나애정 지음

생각의빛

제1장
필사가 뭘까? 내 인생을 바꾸고 있다.

고윤아

뜨거운 가슴을 원하는가?
필사를 권한다

퇴근 시간이다. 누구보다 빠르게 빛의 속도로 달려 나갔다. 집에 맛있는 간식거리가 있는 것은 아니지만 아무 이유 없이 그냥 일찍 퇴근하고 싶었다. 그렇게 주차장으로 달려 나갔는데 믿을 수 없는 일이 벌어져 있었다. 차의 왼쪽 뒷바퀴 바람이 처량하게 빠져 있는 게 아닌가. 조금의 공기조차 용납하지 않겠다는 모습으로 바닥까지 찰싹 달라붙어 있었다. 퇴근 시간은 밤 11시. 직원들은 하나둘씩 귀가했고, 컴컴한 밤 주차장에 덩그러니 홀로 서서 자동차 보험회사에 전화했다. 내 차를 소생시켜줄 견인차가 올 때까지 멍하니 차에 앉아 기다렸다. 캄캄한 도로에 견인차가 보이기 시작했다. 살았다. 뚝딱뚝딱 기계 돌아가는 소리와 함께 바람이 다 빠진 바퀴가 점점 살아나기 시작했다. 휠에 가죽처럼 붙어있던 고무

바퀴가 빵빵하게 부풀어졌다. 소생 성공! 그렇게 나는 다시 살아난 자동차와 함께 귀가했다.

견인차를 기다리며, 문득 퇴근하는 내 모습이 바람 빠진 바퀴 같다고 생각했다. 일하면서 모든 에너지를 다 써버린 듯 기운이 하나도 없었다. 다크서클은 턱 밑도 모자라 발끝까지 내려온 듯하고 눈에 초점도 없이 집에 들어갔다. 하지만 이 모든 일은 필사를 하기 전의 이야기이다. 필사를 시작하고 난 후부터는 생활하는 데 활력이 넘친다는 얘기 또는 힘든 일이나 상황을 어떻게 잘 견뎌내느냐는 말을 많이 듣는다. 필사를 알게 된 건 오래전이었지만, 제대로 시작한 건 얼마 되지 않았다. 그러나 필사를 꾸준하게 할수록 정신이 맑아지는 걸 느낀다. 축 처졌던 몸과 시들했던 마음이 공기를 불어 넣어 힘을 얻은 것처럼 튼튼하고 단단해졌다. 평소에는 누가 밀기라도 하면 저 멀리 나가떨어질 것처럼 터벅터벅 걸어다녔는데 요즘은 즐거워 보인다는 이야기를 자주 듣는다. 그리고 한층 날카로워졌던 마음마저 둥그스름해졌다. 필사는 기운이 빠졌거나 삶에 지친 이들에게 힘을 불어넣어 주는 역할을 한다. 의심을 할 수도 있다. 하지만 필사를 해보면 알게 된다. 내 안에 있던 에너지가 솟아나는 느낌을 말이다.

필사를 만나기 전 나의 하루는 쳇바퀴처럼 변함없이 지루하고 기운 없는 날의 연속이었다. 평범한 어느 날의 아침 6시. 알람이 울렸다. 끄지 않은 알람은 자기를 봐 달라 애원하고 있었다. 안약까지 넣고 억지로 감긴 눈을 떴지만, 몸은 아직 침대 속이었다. 겨우 몸을 일으켜 샤워하고, 출근 준비까지 마쳤다. 1차 미션 성공이다. 하지만 젖은 솜이불처럼 무거워진 몸은 집 밖으로 나갈 생각이 전혀 없었다. '5분만 더 누웠다 가면 안 될까?'라는 생각과 '지금 출발해도 제시간에 겨우 도착이다.'라는 생각이 누가 이기나 겨루기를 했다. 꾸물거리던 나는 결국 허겁지겁 사무실에 도착했다. 걷는 건지 뛰는 건지도 모르는 걸음으로 도착하자마자 아침부터 업무가 나를 기다리고 있었다. 몇 시간이 지나고 꼬르륵 소리에 고개를 들어보니 배꼽시계는 정확하게 점심시간을 알렸다. 점심을 먹고 자리에 앉아 잠깐 쉬어볼까 생각했지만 이미 나의 소중한 점심시간은 끝났다. 오후 3시. 피곤함과 졸음을 떨쳐내려 커피를 콸콸 들이부었다. 이것이야말로 생존 커피의 제맛. 카페인의 마법으로 오후 5시까지 버텼다. 퇴근 시간은 6시. 시계가 고장 난 게 틀림없었다. 시간이 가질 않았다. 책상옆에 자리 잡은 시계도, 벽에 걸려있는 시계도. 곳곳의 시간은 멈춰있는 듯했다. 천만년 같은 한 시간이 흘렀고, 퇴근 시간이 되었다. 집에 도착해서 저녁 먹고 씻기만 했는데, 이게 무슨 조화란 말인가. 시간은 벌써 저녁 9시. 분명 회사에선 시계가 고장 난 것 같았는데, 집에서의 시간은 쏜살같이 지나갔다. 이대로 잠들기가 너무나도 아쉬워 휴대전화를 들고, SNS를 뒤적거렸다. 쓱쓱 올렸다 내리기를 반복하며 별로 중요하지도 않은 영상 몇 개 보고 나니 자정이었다. 분명 '일찍 자야 내일 출근 할 텐데.'라는 생각을 9시부터 했지만, 내 손은 3시간째 휴대전화를 들고 있었다. 졸리지 않으니 잠이 올 때까지만 보는 것이라고 위로를 해봤다. 포장 좋은 핑계였다. 시간은 자정을 넘겨 새벽이 되었고, 휴대전화를 얼굴에 몇 번 떨어뜨리고 나서야 잠이 들었다. 그리고 또 다음날 돌덩이처럼 무거워진 몸을 일으키며, 다시 쳇바퀴 속의 내가 되었다. 아침 출근길. 어디 혼나러 가는 사람처럼 신발을 질질 끌며 차에 타는 내 모습이 문득 안쓰러웠다. '진짜 이렇게 살아야 해?' 이렇게 살다가는 곧 병원 침대를 한 자리 차지할 것 같았다. 내 몸에 득이 되는 행동은 못 할지언정 최소한 해가 되는 일은 하지 말아야겠다는 생각이 들었다. 변화를 위한 무언가가 필요했다. 그리고 그 해답은 도서관의 수많은 책에서 찾을 수 있을 것 같다는 생각이 들었다. 혹시라도 보물이 숨겨져 있을지 모르니 말이다.

　대학생 때 어쩔 수 없이 죽치고 살았던 도서관을 찾았다. 사는 게 지치고 피곤했을 뿐이지 책을 좋아하는 마음은 한결같았다. 나는 도서관에 가서 앉아 쉬기라도 할 요량으로 근처 도서관을 찾아갔다. 도서관 책장에 꽂혀있는 수많은 책 중 보물을 찾은 듯한 눈에 들어오는 책이 있었다. 《내 인생 첫 책쓰기 비법은 필사이다》 '책 쓰기 비법이 필사라니. 그냥 쓰면 되는 건가? 나도 책 한 번 써볼까? 별거 아니겠구먼. 근데 내가 아는 게 없으니 책 제목대로 필사란 걸 해보지 뭐. 해보면 되지 않겠어?' 얼마나 오만하고 기가 막힌 배짱인가. 이런 엄청난 배짱 혹은 객기 때문에 일단 필사를 시작하게 되었으니 무모한 도전만은 아니었다. 책을 빌려 집으로 돌아와 책상 앞에 앉아 따끈따끈한 책을 펼쳐 한 문단씩, 한 장씩 필사하기 시작했다. 필사가 뭔지도 모르는 상태에서 시작하는 거라 그냥 막 쓰기 시작했다. 있는 그대로 쓰고, 부담 없이 썼다. 분량도 제 멋대로였다. 몇 줄 쓰기도 하고, 몇 장을 쓰기도 했다. 가끔은 쓸 수 있는 날도 있었고, 쓰지 못하는 날도 있었다. 책 한 권을 통째로 다 쓰진 못했지만 개의치 않았다. 반납일이 돌아와 책을 반납하고 집으로 오는 길에 알 수 없는 뿌듯함이 생겼다. 미션을 마친 기분이랄까. 그리고 집에 돌아와 책장에 꽂혀있는 책을 천천히 살피고, 맘에 드는 책을 골라 필사하기 시작했다. 한 줄로 시작한 필사는 어느새 한 장씩 두 장씩 양이 늘었다. 필사를 위한 나만의 시간을 만들기 위해 아침 일찍 일어나기도 했다. 피곤해 늦잠을 자는 날에는 퇴근 후에라도 시간을 만들어 필사했다.

녹아내린 아이스크림처럼 형체를 알 수 없는 모습으로 출근하고 네발로 기어 오듯 돌아와 그럭저럭 시간을 보내던 내 삶은 필사를 통해 새롭게 바뀌어 있었다. 지쳐버린 삶에 비타민 같은 존재가 되어 준 필사는 이제 더 이상 필사 그 단순한 작업만은 아니었다. 필사를 위한 나만의 시간은 온전히 나를 돌아보는 시간이 되었다. 오늘 하루 힘들었는지, 혹은 누군가로부터 위로받았는지 돌아보게 되었다. 그리고 퇴근 후 바닥난 내 몸에 에너지를 채워주는 역할을 했다. 방전된 몸으로 집에 돌아와 필사를 시작하면 신기하게도 충전기를 연결한 것 마냥 기운이 솟아났다. 필사하면 할수록 몽롱해지는 정신이 맑아지는 걸 느꼈다.

새벽 필사를 하면 좋겠지만 평일에는 퇴근 후 필사를 하는 경우가 많았다. 퇴근 후에 저녁을 먹을 때쯤이면 눈만 떠 있지 거의 수면 상태로 밥을 먹는 것 같았다. 샤워를 마치고 잠을 청하고 싶었지만, 손해 볼 건 없겠다 싶어 책상 앞에 앉았다. 책을 펼치는 순간 정신이 번쩍 든다. 어쩜 이리도 나를 위한 이야기만 모아두었는지. 겨우 살아가고 있는 나에게 에너지를 충전해준다. 자리에 앉아 5분만 필사하겠다는 나의 다짐은 15분, 30분을 훌쩍 넘겼다. 필사를 마칠 때쯤이면 초점 없던 나의 눈은 초롱초롱한 눈으로 바뀌어 있었다. 나는 이제 특별한 일이 없는 한 매일 필사를 한다. 필사하기 위해 시간을 만들면, 그 시간은 나에게 힘을 주는 에너지가 되어 준다. 어떻게 보면 강제적이라 생각되지만, 필사를 위한 시간만큼은 나를 돌보는 시간이 되는 것이다. 필사한 글들이 내 몸 곳곳의 잠자는 세포들을 깨우고, 나를 자극한다. 하루를 마무리하고, 다음날 살아가기 위한 에너지를 선물해준다.

필사는 시들어가는 영혼에 영양분을 준다. 매일 지치고 힘들어 다음날 어떻게 일어날지 고민이 되고, 희망이 없는 삶을 살고 있다면 필사를 해보자. 나는 필사를 하기 전 매일 방전 상태인 것 같은 몸과 마음으로 생활했다. 꺼져버릴 것 같은 휴대전화처럼 귀가 후에 아무리 충전해도 다음날 아침이면 에너지가 전부 소모되는 듯한 느낌을 받았다. 하지만 필사를 하고 나서 깨달았다. 나의 생활이 문제가 아니라 의식의 변화가 필요하다는 것을. 필사를 통해 나의 삶이 건강해졌다. 그리고 마음과 생각이 건강해졌다. 슬프고 우울한 생각은 씩씩하고 용감하게 바뀌었다. 필사가 나를 움직이고 변화시키는 연료가 되었다. 삶이 지친 이들이 있는가. 필사를 시작해보자. 부담이 된다면 한 문장만 따라 적어보자. 반드시 뜨거운 에너지를 선물 받을 것이다.

돈 들이지 않고 자기 혁명한다

유일하게 밥 먹을 때 만나는 친구 TV. 채널 돌리기를 하다 우연히 밥벌이 10년 차, B 카드 회사 대리인 이동수씨가 나오는 프로그램을 보게 되었다. 회사생활을 어쩜 저리도 당당하게 할 수 있는지 너무나 부러웠다. 그리고 상당히 맘에 들었던 말. '언젠간 잘리고 회사는 망하고 우리는 죽는다', '일보다 더 잘됐으면 좋겠는 게 제 인생이거든요', '저를 안 좋게 보는 사람은 저도 그 사람을 안 좋게 봅니다' 이 얼마나 짜릿한 말인가. 이 사람만큼 나도 내 인생을 사랑할까. 잘되기 위해 나는 무엇을 노력했을까. 갑자기 나는 나 자신을 얼마나 잘 알고 있는지, 내가 나를 얼마나 사랑하는지 궁금해졌다. 이런 궁금증을 유발시킨 B 회사 이 대리. 이 사람의 가치관이 궁금해졌다.

휴대전화를 들어 영상을 찾아봤다. 이동수씨는 이미 유튜브에서 〈무빙워터〉라는 이름으로 활동 중이었다. 사과를 깎기만 해도 자존감이 올라가는 방법, 자유분방하고 행복한 삶을 사는 모습이 그대로 담긴 브이로그를 비롯해 여러 색의 영상이 있었다. 미친 듯이 부러웠다. 너무 부러워 나도 따라 하기 시작했다. 밑져야 본전. 사과도 깎아보고, 뛰어보기도 하고, 춤도 춰봤다. 아내와 함께 웃고 춤추는 모습에 나도 신이나 덩달아 춤을 췄다. 따라 하다 보니 나도 즐거워졌다. 놀라운 일은 계속되었다. 파마머리 휘날리던 동수씨는 어느 날 미라클 모닝을 해보겠다고 이야기했다. 따라쟁이인 나도 도전했다. 동수씨는 미라클 모닝을 하며 책을 쓰고, 나는 일어나 명상을 하고, 글을 썼다. 따라 하는 이유는 명확했다. 동수씨가 즐겁고 행복해 보여 어떻게 하면 저렇게 신나고 행복해질 수 있을지 궁금해서 따라 했다. 따라 하는 것은 어렵지 않았다. 방법을 몰라도 된다. 상대방이 일어나면 일어나고, 글을 쓰면 나도 글을 썼다. 거울을 보는 것처럼 그대로 따라하기만 하면 끝.

남에게 피해를 주지 않는 선에서 따라 할 수 있는 것들은 아주 많다. 그리고 그중 하나가 바로 필사다. 필사는 베껴 쓰기다. 있는 글 그대로 따라 쓰는 것이다. 내가 해야 하는 건 보고 쓰는 것이다. 책을 오리고 붙이고 생각을 더 하지 않는다. 있는 그대로 따라 적으면 된다. 책을 펼치기도 귀찮다면 휴대전화로 몇 가지 글귀를 검색해보고 따라 쓰면 된다. 생각은 나중에 해도 된다. 일단 쓰면 끝이다. 나는 가끔 〈무빙워터〉 채널을 열고 영상을 따라 한다. 내가 무얼 해야 할지 모를 때 그냥 따라 한다. 우울한 날엔 춤추는 영상을 틀어놓고 나도 따라 춤춘다. 아무것도 생각하기 싫은 날엔 더 많은 걸 좇아서 한다. 그러면 확실히 기분이 좋아진다. 생각

없이 따라 했지만, 마지막엔 좋은 기분만 남는다. 책을 따라 써보자. 오만 가지 생각이 한순간에 사라지는 경험을 할 수 있다. 지루하고 똑같았던 내 생활이 달라질 것이다. 삶을 바꾸는 일은 어렵지 않다.

365일 매일 도전하는 일이 있다. 바로 체중감량이다. 병원 일을 할 땐 보통 하루 만 보 정도 걸었는데 직장을 옮겨 상근직에 주로 서류 업무를 하다 보니 1년 사이에 몸무게가 꽤 불었다. 찌는 살을 어떻게든 막아보려 식단 조절도 해보고 운동도 해봤지만, 성과는 없었다. 운동했다는 말뿐이지 정말 운동을 제대로 했으면 체중감량에 성공했을 것이다. 식단 조절이라고 해봐야 가끔 채소를 먹는 정도였다. 가장 큰 문제는 운동을 안한다. 안 하는데 살이 빠질 턱이 있나. 열량 소모는 없이 계속 먹으니 살은 날로 불어날 수밖에. 운동을 위해 실내 자전거를 샀다. 모두 예상하듯이 실내 자전거는 지금 빨래걸이로 사용 중이다. 자전거를 구입하고 며칠 동안 신나게 자전거를 탔는데 여기저기 통증이 생겨 병원 신세를 져야 했고 결국 운동을 포기했다. 이제 자전거는 거실 한구석을 잘 지키고 있다. 살을 빼기 위해 스쿼시도 해보고 집에서는 요가에 스탭퍼까지 해봤지만, 매번 실패했다. 방법을 제대로 숙지하지 않아서 그리고 꾸준히 하지 않았기에 실패는 당연했다. 무엇이든 꾸준히 해야 한다. 하다가 중단하거나 하는 척만 하면 안 된다. 할 거면 제대로 해야 한다.

어떤 이유에서인지는 모르겠으나 운동은 그렇게 귀찮아하는 내가 필사는 참 꾸준히 했다. 어떻게 꾸준히 할 수 있는지 궁금했다. 신기한 마음에 고민까지 해봤다. 일단 쉬웠다. 그리고 몸이 아프지도 않았다. 앉아서

5분에서 15분이면 충분하니 움직이지 않아서 더 좋았다. 또 하나 좋았던 건 돈이 들지 않았다. 필사하는 데 필요한 도구는 집에 굴러다니는 펜 한 자루면 충분했다. 기존에 사용하던 블루투스 키보드나 컴퓨터를 사용하니 더 편하게 필사할 수 있었다. 필사하는 건 어렵지 않았다. 쉬우니 재미있고 또 하고 싶고, 자주하고 싶었다. 필사가 재미있어 이제는 오랜 시간 필사한다. 재미있는 필사를 오래 하기 위해 체력이 필요했다. 운동이 싫어서 필사했더니 운동이 하고 싶어졌다. 이제는 필사와 운동을 함께 한다. 필사가 운동을 할 수 있게 해주었다. 나를 걷게 만들고 뛰게 했다. 운동은 해마다 결심하는 목표 중 하나다. 새해가 시작되면 다이어리를 펼쳐놓고 무엇을 하면 자기계발에 도움이 되고 나를 변화시킬 수 있을지 고민했다. 일찍 일어나기, 운동하기, 독서하기…. 많은 이들이 이렇게 목표를 나열하며 올해는 반드시 이루리라 마음먹을 것이다. 변화의 시작은 그리 어렵지 않다. 돈 들이지 않고 나를 바꾸는 일 중 하나인 필사를 그대들에게 권한다. 쉽다. 그게 전부다. 최소한 손가락 운동은 할 수 있으니 운동 삼아 필사 한번 해보자.

비가 오고 나면 집 근처 웅덩이에 물이 고였다. 시간이 지나면 고인 물에 벌레들이 생겼다. 고인 물은 결국 썩은 물이 될 수 있다. 내 삶도 고여 썩어버릴 것 같아 최선을 다해 어떻게든 흘려보내고 싶은 마음이 들었다. 흐르는 물이 되는 방법은 배움의 끈을 놓지 않는 것이었다. 배움은 삶을 넓고 멀리 흐를 수 있게 도와주지만, 그에 따른 비용을 내야 했다. 나는 전문대학 졸업생이었기에 학사를 취득하고 싶어 편입했다. 그리고 졸업 후 대학원까지 입학했다. 학위와 함께 따라다니던 건 돈이었다. 학업 말고도 취미 생활도 하고 싶었다. 학업 이외에 손으로 하는 것들이 재미있어 손글씨도 배워봤다. 많은 것들을 배우고 시도해보면 확실히 얻는 게 있다. 내가 잘하는 것과 좋아하는 것, 그리고 못하는 것까지 단번에 알 수 있다. 공부는 내가 잘하지 못하고 그냥 좋아하는 것이었다. 공부를 제외한 나머지는 내가 좋아하지만 못하는 것이었다. 마흔이 넘은 나이까지 찾고 있던 건 내가 좋아하고 잘하는 일이었다. 필사가 바로 그것이었다. 남의 글 베껴 쓰는 일. 별거 아니지만, 무척 재미있고 즐겁다. 자신이 잘하고 좋아하는 것을 찾은 사람이 얼마나 될까. 이 정도면 인생에 엄청난 행운을 만난 것이다. 나는 필사를 잘할 수 있다. 내 기준에서 잘할 수 있다. 남이 판단하지 않아도 된다. 그리고 필사를 좋아한다. 그러면 된 것 아닌가. 좋아하고 잘하는 것을 찾았다. 돈 한 푼 들이지 않고 방안 책장에 꽂혀있는 책 속에서 찾아냈다. 40년 넘게 돌고 돌아 공부도 해보고 취미도 배워보며 많은 시도 끝에 찾아냈다. 이것저것 배워봐도 맘에 들지 않거나 좋아하는 걸 찾지 못했다면 필사를 해보자. 수많은 사람 중에 단 한 사람이라도 나와 같은 생각을 가졌다면 필사를 통해 작가가 되는 기회가 생길지 모른다.

가만히 돌처럼 제자리에서 평생 살아갈 것인가. 썩어버린 과일처럼 벌레가 꼬여 귀찮은 삶을 사는 게 싫지 않은가. 그렇다면 뭐라도 해보자. 러닝머신에서 다리를 움직이지 않으면 곧 떨어진다. 앞을 바라보고 달리기만 한다면 내가 누릴 것이 너무나 많다. 주저앉아 세상 탓하며 울지 말자. 이왕이면 신나게 살아보자. 나를 조금이라도 성장시킬 수 있다면 이보다 더 즐거운 일은 없을 것이다. 내가 좋아하는 일, 잘하는 일을 꾸준히 하는 것이 나를 변화시킬 수 있다. 나를 바꾸는 일은 그리 어렵지 않다. 필사가 그 노력에 힘을 실어줄 것이다.

우리 집 텃밭에 오이와 가지가 자라고 있다. 물을 주고 주변에 잡초도 뽑아주어야 한다. 그냥 심어놓고 내버리면 결국엔 죽는다. 내 삶도 돌보지 않고 내버려 둔다면 썩거나 말라비틀어진 오이와 다를 바 없다. 이대로 가만히 있을 순 없다. 뭐라도 하고 싶은데 돈이 없다고 투정 부리지 말자. 우리는 갓 태어난 아기가 아니다. 슬퍼하고 우는 건 잠시 미뤄도 좋다. 돈이 없으면 어떤가. 없어도 가능한 필사가 있지 않은가. 변화를 위한 방법은 반드시 있다. 필사하면 방법이 곳곳에서 나온다. 수많은 책에서 나를 위해 엄청난 비밀을 준비해 놨다. 책을 들어 펼치기만 한다면 마법처럼 사용할 수 있다. 자기 혁명은 멀리 있지 않다. 의심은 잠시 뒤로 미뤄두고 꾸준히 필사하며 전진하자. 자신을 믿어보자. 충분히 잘할 수 있다.

독서하기 싫은 사람 모여라

한 해를 마무리할 때쯤이면 어김없이 예쁜 다이어리를 하나 고른다. 그리고 다가올 새해 목표에 큼지막하게 '책 100권 읽기'라 적는다. 나는 다독을 한다. 책 일부만 봐도 한 권을 읽었다고 표시한다. 직장에 다니며 책을 처음부터 끝까지 100권을 읽는다는 건 어렵다. 100권 읽기라고 목표를 정해놓으면 다이어리를 볼 때마다 압박감이 생겨 그래도 10권 이상은 읽게 되니 그냥 '100권 읽기'라 적어 놓는 것이다. 퇴근 후 녹초가 되어 집에 돌아오더라도 책을 읽고, 출근 전 짬을 내어 읽으면 하루 최소 3장은 읽게 된다. 솔직히 말해보자. 영상을 보거나 SNS 할 시간은 있지 않은가. 단지 책 읽기가 귀찮을 뿐. 정말 감사하게도 나는 아주 어릴 때부터 책을 좋아했다. 그럼에도 불구하고 마음잡고 책을 완독한다는 건 늘 부담됐다. 그리고 자기계발에 많은 시간과 에너지를 소비했는데, 그중 하나가 독서다. 책을 읽어야 그나마 비어있는 지식이 채워지는 것 같았다. 게다가 지인 중에 독서 모임을 하는 사람이 있어 은근히 자극을 받았다. 일 년 계획에 독서 몇 권이라 해놓고 반년이 지나도록 책 한 권, 아니 책 10페이지도 읽지 않은 이들이 계신가. 포기하지 마라. 우리에겐 아직 시간이 많다. 올해가 다 지나지 않았다면 지금부터 읽으면 되고, 시간이 없다면 내년부터 하면 된다.

독서가 재미있다면 다행이다. 하지만 보통 독서는 지루하다고 느껴진다. 책을 펼쳤는데 멀미가 날 때도 있다. 내가 활자 울렁증이 있나 의심도 된다. 평소에는 불면증이던 내가 책만 펼치면 잠이 쏟아지니 병원에 가지 않고도 수면제 처방을 받은 것 같다. 꾸역꾸역 먹기 싫은 밥을 먹는 것처럼 책도 억지로 읽으려면 이만한 고역이 없다. 좋아하지 않는 책이지만 그래도 봐야 하는 상황이라면 가벼운 마음으로 필사를 해보자. 처음부터 책을 완독하겠다 생각 말고 그나마 볼만한 곳을 펼쳐놓고 딱 7~8줄만 적어보자. 필사를 위해 책을 반드시 구매할 필요는 없다. 우리에겐 책장에 꽂힌 많은 책이 있다. 그 많은 책 중 한 권을 골라보자. 도서관에서 빌려와도 좋다. 그리고 몇 줄만 적어보자. 이조차 적는 게 부담스럽다면 한 줄만 적어보자. 우리 한 줄은 적어 볼 수 있지 않은가. 오늘 한 줄. 다음날도 한 줄. 필사의 양은 중요하지 않다. 하고 싶은 만큼 필사하면 된다. 하고 싶은 만큼 적되 꼭 당부하고 싶은 건 매일 꾸준히 해보자는 것이다. 한 줄이라도 매일 해보길 바란다. 1주일 동안 매일 해보고 '이까짓 정도야', '할 만한데'라는 생각이 들면 한 문단으로 늘리고 한 장으로 늘려보면 된다. 필사하다 보면 책을 읽어야 한다는 부담을 줄일 수 있다. 필사를 통해 우리는 이미 책을 읽고 있다. 1페이지부터 읽을 필요 없다. 내가 읽고 싶고, 쓰고 싶은 부분을 쓰면 된다. 누구에게 보여주는 필사가 아니다. 나를 위한 필사다. 그러니 내 마음대로 하면 된다. 단, 매일매일 거르지 않고 써야 지루함과 귀찮음의 문턱을 넘을 수 있다.

내가 태어났을 때 우리 집은 기사식당을 하고 있었다. 부모님 말씀이 동네 맛집이라 하셨다. 어렴풋하게 손님들이 꽤 많았던 것 같다. 지금은 식당을 하지 않아 엄청난 요리 솜씨 혜택은 손님 대신 내가 누리고 있다. 다양한 음식을 맛있게 먹을 수 있으면 좋으련만 음식 알레르기가 있어 섭취하는데 제한이 많다. 못 먹는 재료는 빼고, 먹을 수 있는 재료를 찾아 요리해야 한다. 소고기와 해산물은 피하고, 고기볶음 요리는 양파와 살코기만 골라 먹는다. 이렇게 먹으면 무슨 맛이 있겠냐 생각하겠지만 맛있는 음식을 이렇게라도 먹을 수 있으니 그래도 다행 아닌가. 전부 다 먹지 못해도 행복하다. 맛이라도 보고, 조금이라도 먹을 수 있으니 감사할 따름이다. 사람들은 모든 음식을 다 좋아하지 않는다. 물컹거리는 느낌이 싫어 바나나를 안 먹는 이들도 있고, 해산물 알레르기가 있어 못 먹는 사람들도 있다. 카레에 있는 당근이 싫으면 어떻게 하나. 당근을 빼고 먹을 수 있다. 아무리 맛있는 요리여도 내가 싫어하면 그만 아니겠는가.

한 권의 책이 완성된 요리라 하자. 싫어하는 음식이 있다면 싫어하는 장르도 있을 수 있다. 책 내용에 내가 싫어하는 챕터가 있다면 과감히 빼고 보면 된다. 맛있는 요리를 다 먹고 잘 소화해낸다면 영양소를 골고루 섭취할 수 있겠지만 그렇지 못한 상황에선 가능한 만큼만 먹으면 된다.

목차를 보고 '내가 읽을 수 있는 부분이 어디 있을까?', '거북하지 않은 글이 어디 있나?' 확인하면 된다. 그래도 독서가 귀찮고 너무 싫다 느껴지는가. 그렇다면 지금 우리에게 필요한 건 바로 필사다. 책을 펼치고 그나마 내가 소화할 수 있는 부분을 찾아보자. 거기서 가장 맘에 드는 한 문장만 적어보자. 책 소화불량인 사람들에게 처음부터 많은 양의 필사를 권유하지 않는다. 속이 불편한 이들에겐 미음이나 죽처럼 부드러운 음식으로 조금씩 먹도록 설명한다. 필사도 조금씩 하는 것이다. 한 번에 많은 필사를 할 필요는 없다. 자신이 원하는 만큼 하는 게 현명한 필사법이다. 그래도 '필사의 양을 정해보라' 하면 A4 2장 정도가 적당한 것 같다. 필사하기 위한 책 역시 내가 읽기 편한 책으로 선택한다. 책의 표지가 예뻐서, 내용이 좋아서, 작가의 문체가 맘에 들어서 등 어떤 것도 상관없다. 내 마음에 들면 된다. 필사하다 보면 독서에 대한 부담과 귀찮음은 시간이 지날수록 편안함과 자연스러움으로 변화될 것이다. 어려울 것 없다. 천천히 시작하면 된다.

지금은 사라졌지만, 초등학교 때 탐구생활이 있었다. 방학 기간에 스스로 학습할 수 있도록 만들어진 교재인데, 방학하는 날이면 담임 선생님께서 한 권씩 나눠주셨다. 과제량이 적어 교재가 두껍지 않았고, 그리 어려운 내용도 아니었다. 보통 방학 숙제는 탐구생활과 일기 쓰기가 전부였다. 방학 날이 되면 다짐했다. 매일매일 일기를 쓰리라. 탐구생활을 하루에 한 장씩 꼬박꼬박하리라. 불타오르는 내 다짐은 집 도착과 동시에 책가방과 함께 내던져버렸던 것 같다. 분명 매일 탐구생활을 하겠다 다짐했는데. 정신을 차려보면 개학 날이었다. 밀린 숙제를 하기 위해 눈에 불을 켜고 새것 같은 탐구생활과 한 달 동안 미뤘던 일기까지 썼다. 선생님은 이미 다 아셨겠지만 일기의 날씨는 친구마다 달랐고, 내 글씨는 너무 휘갈겨 새가 되어 날아다녔다. 밀린 숙제하는 게 너무 싫었다. 교재의 두께는 1cm도 안 됐지만, 체감은 이미 백과사전만 한 두께였다. 조금씩 했으면 이렇게 싫다는 생각을 안 했을 텐데. 그렇게 후회를 하고 늦은 밤까지 과제를 하며 '다음 방학 땐 반드시 매일 한 장씩 성실하게 과제를 하겠노라.' 다짐했다. 그러나 뫼비우스의 띠처럼 다음 방학이 끝나는 날 나는 또 밀린 숙제를 했다.

책 편식을 줄이려 새로운 장르에 도전할 때면 체한 것처럼 가슴이 답답함을 느낀다. 이걸 언제 다 읽어. 숙제도 아닌데 누가 시킨 것도 아닌데 왜 한숨부터 나올까. 방학 마지막 날 탐구생활 첫 장을 펼친 것처럼 명치의 불편함이 느껴진다. 그래도 새해가 시작되었으니 새로운 장르의 책을 읽어보겠다 다짐하지만 정신 차려보면 연말이 된다. 이쯤 되면 읽던 자리에 꽂혀있던 책갈피는 책 속의 화석이 되어버린다. 완독에 대한 스트레스는 실로 엄청나다. 분명 나를 위해 책을 읽으려 한 것인데, 읽기도 전에 스트레스부터 받으니 이것이야말로 책 사서 고생 아닌가. 돈 주고 내 스트레스를 만들고 있다. 내 돈 주고 산 책. 먼지만 쌓아놓기에 아깝지 않은가. 맘먹고 책을 샀지만 읽기 귀찮을 때. 이럴 때 필사가 딱이다. 가장 그럴싸한 부분을 펼쳐놓고 필사를 해보자. 탐구생활처럼 하루에 한 장씩만 해보자. 한 장도 못 하겠다 하면 한 문단만 적어보자.

독서에 어려움이 없어 책이 술술 읽히는 사람들은 잘 모른다. 이 소화

안 되는 답답한 느낌을. 밥을 급하게 먹은 것도 아닌데 단지, 책을 펼치기만 했는데 급체라니. 내일 개학 날인 것 같은 공포감을 해결해 줄 필사가 필요하다. 단 한 줄이라도 좋다. 한 달 동안 하지 않는 탐구생활은 밀린 숙제가 되지만, 한 장씩 해나가면 재미있는 방학 숙제가 될 수 있다. 책을 한 권 집어 들고 필사를 해보자. 몇 줄이라도 적어보자. 그러다 보면 나도 모르게 마지막 페이지를 필사하고 소화제 먹은 것 마냥 시원한 기분을 만끽할 수 있을 것이다. 숙제를 제출할 선생님이 없어 필사가 흐지부지될 것 같다면 나와 함께하자. 시작조차 두렵다면 혹은 선생님처럼 누군가의 도움이 필요하다면 〈책성원〉을 찾아보자. 〈책성원〉은 필사와 글쓰기, 책 쓰기를 통해 나 자신을 성장시킬 수 있는 도움의 공간이다. 누구든 〈책성원〉에서 성장하고, 원하는 삶을 살 수 있다. 나도 〈책성원〉을 통해 셀프 숙제로 필사했다. 그리고 지금 여기에서 이렇게 글을 쓰고 있다.

2019년 겨울. 우리에게 코로나 19 바이러스가 찾아왔다. 반갑지 않은 손님이지만 어찌하겠는가. 이곳에 머물러 아무리 나가라 소리쳐도 나가질 않으니. 코로나바이러스로 인해 집에 머무는 시간이 많아졌다. 하루는 친구에게서 연락이 왔다. 집에 있으니 심심하다며 재미있는 일 없냐, 시간이 안가 지루하다고 이야기했다. 친구를 위해 책을 읽어보라 추천해줬다. 영상을 보고 SNS는 해도 책은 못 읽겠다고 했다. 그러면서 나에게 책을 한 권 다 읽는 비법을 알려 달라고 했다. 책을 몇 줄 읽지도 않았는데 졸리고 지겹다 얘기했다. 나는 필사를 알려줬다. 지겨우면 한 줄이라도 적어보라 말했다. 무엇이라도 시도해보려는 친구가 대단하니 원하는 책을 말하면 사주겠다 이야기했고 책을 선물로 보내줬다. 나의 기대와는 다르게 친구는 책을 몇 장 읽다가 그만뒀다고 했다. 책을 억지로 읽거나 독서가 지루하다 느끼는 사람은 완독하기 어렵다. 그러니 필사함으로써 독서에 대한 부담감을 줄여야 한다. 시작이 어렵지 딱 한 줄 써보면 그다음은 너무나 쉬워진다. 아침에 일어날 때 눈뜨기가 가장 어렵지 않은가. 시작이 어렵다. 눈을 뜨고 샤워만 하면 어떻게든 출근한다. 책을 한 권 읽는 것은 어려워도 필사를 한 줄 하면 한 장, 두 장 쓰고 결국 한 권 모두 다 쓰고 읽게 된다. 심지어 정독도 할 수 있다. 친구는 아직 내가 사준 책을 다 읽지 못했다. 필사 또한 하지 않는다. 하지만 나는 필사를 통해 책을 쓰는 기회까지 얻게 되었다. 독서하기 싫은 사람, 귀찮은 사람은 필사 한 줄부터 시작해보자. 혼자 하기 어렵다면 〈책성원〉과 함께 할 수 있다. 우리는 혼자가 아니다.

15분 필사부터 시작하라

날마다 피곤하고 지쳐 있었다. 퇴근하고 나면 파김치가 되어 침대 위에서 숨쉬기 운동하는 것이 전부였다. 머리를 식히려 휴대전화를 집어 들었는데 결국은 머리가 더 무거워졌다. 퇴근 후 어학을 공부하겠다는 핑계로 영상을 틀어놓고 다른 영상을 재생하다 보면 어느새 샛길로 빠져 있었다. 시간이 아까웠다. 영상을 보고 나면 기분이 좋아야 하는데 오히려 더 후회됐다. 이 찝찝한 기분. 너무 싫었다. 무기력과 피곤함을 날려버릴 무언가가 필요했다. 영상의 늪에서 빠져나오기 위한 그리고 삶의 변화를 일으킬만한 굳은 결심이 필요했다. 뜨뜻미지근한 행동은 필요하지 않았다. 예전에도 필사를 드문드문했지만, 이 정도의 강도로는 나의 삶에 변화를 일으키기에 한참 모자랐다. 그렇게 내가 좋아하는 책을 펼쳐놓고 글을 썼다. 처음이 어렵지 쓰다 보면 5분은 금세 지나간다. 우리 영상 볼 때 5분이 뭔가. 눈 깜짝하면 1시간이 지나가 있던 적이 수두룩하지 않나. 필사는 짧은 시간이면 충분하다. 필사를 해보겠다고 마음먹었다면 15분이면 충분하다. 15분 정도면 책의 한 장, 빠르게 필사하면 3~4장까지 할 수 있다. 매일 15분 필사하다 보면 내가 어느 방향으로 나아가야 할지를 깨닫기도 하고 때로는 위로를 받기도 한다.

짧은 시간을 통해 삶이 변화되는 순간은 누구에게나 찾아온다. 필사하는 이들에겐 15분 혹은 30분이 삶에 있어 아주 중요한 시간이겠지만 어떤 이들에게는 단 1초만으로도 희비가 갈리기도 한다. 짧은 시간에 엄청난 에너지를 쏟아붓는 이들은 바로 단거리 육상종목이나 스피드 스케이팅과 같은 종목의 운동선수들이다. 0.01초 차이로도 메달의 색이 바뀌는 경기는 손에 땀을 쥐게 한다. 나는 스피드 스케이팅 경기를 볼 때 가만히 앉아 있질 못했다. TV 화면 앞에서 발을 동동 구르기도 하고, 또 금방 끝나기 때문에 화장실을 가고 싶어도 참아야 했다. 몇 년 동안의 노력은 1분도 채 되지 않은 시간에 결정 난다. 사람들의 기대 속에 짧은 시간 모든 걸 다 쏟아부어야 하는 부담감은 상상 이상일 것이다. 아마 내가 얼음판 위에 서 있었다면 이미 기절했을지도 모른다. 별것 아닌 1초는 어떤 이들에게는 긴 시간 하나만의 목표를 가지고 달려온 결과물을 얻는 시간이다. 우리에게는 1분이 아닌 그보다 훨씬 더 많은 15분이 주어졌다.

시작을 알리는 스타트 건의 역할인 알람 소리와 함께 하루를 시작한다. 우리에게는 삶의 승패를 가를 수 있는 15분의 시간이 주어졌다. 할 수 있다는 믿음을 가지고 우리의 의식을 무장해야 한다. 세상에 나가기 위한 준비가 필요하다. 맨몸으로 출근하기에는 날아오는 화살이 너무 많다. 외부의 수많은 자극으로부터 우리를 보호할 수 있는 필사의 시간이 필요하다. 나는 출근 전 짧은 시간이라도 필사했을 때 근무하기가 훨씬 수월했다. 아침 필사를 하지 못했다면 하루 중 어떤 시간에든지 필사하길 권한다. 때로는 하루의 마무리를 필사와 함께 하는 것도 좋다. 차분한 마음으로 필사하며 하루를 돌아볼 수 있다. 필사 후 잠시 기억을 더듬어 오늘을 생각해보고 내일 시작될 하루를 기대해보는 것도 좋다. 24시간 중 단 15분의 투자로 다음 날의 긴장감을 담담하고 편안하게 받아들일 수 있다면 해볼 만하지 않은가.

간호사가 되어 환자가 사망한 모습을 처음 봤을 때 몹시 슬펐고, 두려웠다. 이 직업을 지속할 수 있을까에 대한 의심이 들었다. 하지만 근무 중의 슬픔은 잠시 묻어두어야만 했다. 이미 내 곁에는 아픈 이들이 나의 손길을 기다리고 있었다. 온갖 기계에 의지하며 생을 붙잡고 있는 환자를 보면 더욱더 희망에 대한 끈을 놓을 수 없었다. 중환자실 특성상 심정지 상황은 종종 발생했다. 심정지는 생명과 직결되어있고 처치에 대한 실수는 더더욱 용납할 수 없었다. 의료진은 일사불란하게 움직였다. 심폐소생술을 하는 시간은 화장실을 갈 생각도 나지 않고, 배도 고프지 않았다. 모든 신경이 환자에게로 쏠려 있었다. 의사 선생님은 빠르게 지시했고, 나는 정확한 수행을 해야 했다. 가장 중요한 시간은 심정지 후 5분 이내다. 심정지 발생과 동시에 즉시 심폐소생술이 이루어져야 하고, 의료진은 멈춰버린 심장과 호흡을 소생시키기 위해 즉각적으로 움직였다. 시간이 지날수록 환자가 소생될 확률은 급격히 떨어진다. 그러니 나는 최선을 다해야 했다. 5분은 생과 사의 갈림길에 서 있는 시간이다. 모든 것을 쏟아부어 환자를 살려야 했다.

심폐소생술이 생명을 이 세상으로 끌어내는 일이라면 어떤 이에게는 책의 한 문장이 심폐소생술과 맞먹는 역할을 하는 때도 있다. 그 실례가 바로 나이다. 우울함의 끝을 달리던 나는 주위의 도움을 받아 상담을 받았다. 그리고 상담하며 나누었던 이야기와 어둠의 시간에 읽었던 많은 글은 나에게 생명의 끈 역할이 돼주었다. 행복과 기쁨의 의미도 잃어버린 나에게 감정을 소생시켜주었고, 살아갈 의미까지 되찾아주었던 역할이 바로 필사였다. 니체가 말했다. '풍파는 전진하는 자의 벗이다.' 헨리 데이비드 소로가 말했다. '자연을 좇아 하루하루 깨어 있는 신중한 삶을 살자. 그리고 인생의 철로 위로 떨어지는 호두껍데기나 모기 날개 같은 사소한 일들 때문에 철로를 이탈하지 말자. 일찍 일어나 마음의 평정을 갖고 정진하자.' 나는 이들의 글을 필사함으로써 멈춰버린 내 삶을 소생시켰다. 시간이 없다 한들 죽어가는 내 삶을 소생시킬 수만 있다면 하루 단 5분쯤은 써볼 만하지 않은가. 5분을 쓸 수 있다면 15분도 쓸 수 있다. 죽어있던 영혼이 깨어날 수 있다. 지쳐버린 일상에 초점 없는 눈동자로 회의에 들어가 멍하니 앉아 있다거나, 여기가 어딘지 내가 누구인지조차 모르겠다면 15분만 일찍 일어나 필사를 해보자. 심장충격기와 맞먹는 충격으로 정신이 번쩍 들 것이다. 카페인을 충전하지 않아도 눈이 반짝거리고 회의 내용이 쏙쏙 들어올 것이다. 한번 해보고 싶지 않은가.

몇 년 전. 내가 소중히 여기던 사람이 돌아오지 못하는 아주 먼 곳으로 떠나갔다. 고통의 시간 속에서도 침대에 기대어 나를 향해 웃어주던 모습은 지금도 너무 선명해 잊혀지지 않는다. 그녀는 의식이 사라질 때까지 나를 위해 웃어주었다. 시간을 멈춰 그 순간으로 돌아가 그때의 나에게 15분이 주어진다면 한 치의 망설임도 없이 고맙고, 사랑한다고 이야기했을 것이다. 하고 싶은 이야기가 많았다. 너무나 아쉬운 시간이었고, 되돌려놓고 싶은 시간이다. 시간은 그 누구에게나 소중하다. 그리고 모든 이에게 가장 공평하게 주어졌다. 돈으로 살 수도 없고, 남들보다 더 가질 수도 없다. 나눠주고 싶어도 줄 수 없다. 지나고 나면 돌이킬 수도 없다. 보이지 않는 유한함이다. 시간은 소리 없이 사라진다. 그러니 지금 나에게 주어진 상황이 만족스럽지 못하고, 조금의 변화라도 필요하다면 무엇이든 해봐야 한다. 사는 게 지옥이라면 지금보다 더 나빠질 것도 없으니 뭘 해봐도 손해는 없을 것이다. 더는 꾸물거릴 시간이 없다. 1분이든 5분이든 누구보다 빠르게 시도해봐야 한다. 15분은 기적을 일으키기에 충분한 시간이다. 지금 당장 시작하자. 무엇을 망설이는가. 삶의 모든 걸 바꾸어 놓을 수 있는 15분. 의심하지 말고 시작해보자.

필사할 때 나만의 원칙을 세워라

평일 아침. 출근 준비를 시작한다. 샤워를 마치고 거울 앞에 앉아 화장한다. 휴일 집에 있는 시간을 제외하고 주중에는 매일 화장을 한다. 민얼굴로 가면 직원들이 누구냐 물을 수 있어서 일단 뭐라도 칠하고 간다. 진하지 않게, 나만의 순서로 가볍게 화장한다. 스킨과 로션은 생략하고 에센스나 크림을 바른다. 다음은 피부에 대한 최소한의 예의로 선크림을 발라준다. 그리고 쿠션으로 마무리하면 전체적인 화장은 끝난다. 화장 시간의 90%는 눈 화장이다. 작은 눈이라 다른 화장은 하지 않더라도 눈 화장은 열심히 한다. 눈썹, 섀도, 아이라이너, 마지막 마스카라와 화려한 불고데기까지 하고 나면 화장은 끝이 난다.

이제는 순서도 정해져 있어 몸과 손이 자연스럽게 움직인다. 정해진 매뉴얼은 아니지만, 나만의 방법으로 화장한다. 나에게 맞는 화장법처럼 필사도 본인에게 맞는 방법을 찾는 것이 중요하다. 그래야 필사를 편하게 할 수 있고, 오랫동안 지속할 수 있다. 방법을 찾아 지속할 수만 있다면 화장을 하는 것처럼 몸과 손이 자연스럽게 움직일 수 있다. 자연스러움은 거부감이 적다는 것이다. 필사를 통해 내용과 의미가 나에게 거부감 없이 전달되어 삶에 고스란히 녹아든다면 이만큼 좋은 방법이 어디 있을까.

교대근무를 하던 시절 나의 생활패턴은 뒤죽박죽이었다. 새벽 근무 날에는 아침 6시까지 직장에 도착하기 위해 4시 30분에 일어났고, 오후 2시에 출근인 날은 오전 10시나 11시에 일어나기도 했다. 하지만 지금은 상근직이라 규칙적인 생활을 하며 지낸다. 현 직장에 출근하고 며칠 지나지 않아 생활에 규칙이 생겼다. 의도한 것은 아니었지만 나도 모르게 자연스레 만들어졌다. 요즘은 특별한 일이 없다면 아침 5시 50분에 기상을 한다. 기상을 하면 제일 먼저 이불을 정리하고 거실로 나와 물을 한 잔 마신다. 그리고 거실 의자에 앉아 명상과 확언의 시간을 잠시 보내면 6시 30분이 된다. 도시락을 준비하고 옷을 갈아입은 후 집을 나서는 시간은 8시. 출퇴근하며 생긴 나름의 규칙은 나를 옥죄거나 답답하게 만들기보단 오히려 안정감 있게 만들어주었다. 밤낮이 바뀐 생활에서 규칙적이고 안정적인 생활을 만드는 데 가장 큰 역할을 했던 건 다름 아닌 필사다. 처음에는 새벽에 필사했다. 새벽 시간은 조용하고, 필사 내용을 곱씹어 내 안에 담아두기 좋은 시간대였다. 하지만 부작용도 있었으니, 그것은 바로 피곤함이었다. 점심을 먹고 나면 피곤함이 밀물처럼 밀려왔다. 덜 피곤한 시간이 필요하다 생각했고 고민 끝에 찾아낸 시간은 저녁 8시였다. 저녁을 먹고 나서 8시에는 자리에 앉아 필사했다. 아침 필사를 못 했기 때문에 자기 전에는 반드시 하겠다고 생각했다. 일단, 30일 동안 저녁 8시에는 앉아 '필사를 하겠다' 마음먹었다. 보름이 지나니 몸이 먼저 움직이기 시작했다. 한 달의 시간 동안 했던 필사는 습관이 되어 몸을 자연스레 움직이도록 만들었다. 필사를 하기 위해 정해진 시간은 없다. 이 시간은 개인마다 다르니 생활 방식과 컨디션에 맞춰 찾아내면 된다. 만약 피곤함을 조금 견딜 수 있는 상황이면 가능한 새벽 필사를 추천한다. 새벽 필사를 하면 온 세상이 고요한 상태에서 글이 나에게 스며드는 기분을 느낄 수 있다. 그리고 온종일 긍정적인 에너지와 함께 생활 할 수 있다. 나는 새벽 필사를 좋아하기 때문에 출근하지 않는 주말에는 새벽 필사를 한다. 일주일에 단 이틀이지만 비타민으로 샤워하는 듯한 느낌을 받을 수 있다. 육체와 정신에 에너지 충전이 필요하다면 새벽 필사를 권한다.

필사는 시간 외에도 방법에 대해 생각해 볼 수 있다. 시간이 넉넉지 않으면 종이와 펜으로, 그리고 퇴근 후 시간적 여유가 있다면 컴퓨터를 이용해 필사한다. 종이는 연필로 쓰기 편한 종이도 있고, 수성펜이나 유성펜으로 쓰기 좋은 매끈한 종이도 있다. 문구류에 욕심도 있다 보니 일기장을 포함해 아이디어 노트 그리고 잡동사니 노트, 전공 노트, 일기장, 단상 노트 등 5가지 종류를 가지고 있다. 짧은 글과 그림이 필요한 필사는 종이와 펜을 사용한다. 글만으로 내 감정이 표현되지 않으면 그림을 그려본다. 필사의 글 옆에는 감정을 적어보기도 하고 느낌표나 물음표를 크게 그려보기도 한다. 필사 후 마지막으로 반드시 거치는 작업은 필사했던 글을 잠시 생각하는 것이다. 내용을 생각해 보고 어떻게 느꼈는지, 감정과 생각을 글 또는 그림으로 표현한다. 짧은 필사는 종이와 펜을 사용하지만, A4 반장이 넘어가면 필사는 힘들어진다. 팔이 후들거리고 어깨가 아프다. 그리고 자꾸 몸이 틀어지고, 펜이 손가락을 눌러 벌겋게 되기도 한다. 조금 긴 필사를 하는 날엔 컴퓨터가 필요하다.

이번에는 필사의 양이다. 필사의 시간, 방법을 생각하고 나면 얼마나 필사할지 생각해본다. 나는 처음에 A4 반장 정도 했다. 처음부터 많이 하면 금방 지쳐 포기할 거란 걸 알기에 딱 반장씩만 필사했다. 그렇게 필사하다 보면 슬슬 양이 적다고 생각되는 순간이 찾아온다. 그러면 그때 천천히 필사의 양을 늘린다. 반복적으로 하다 보면 어느새 두 석 장을 금방 채우게 된다.

필사의 시간, 방법, 양 정도를 생각하고 나면 나머지는 필사하며 조금씩 추가되는 규칙이 생긴다. 컴퓨터를 사용할 때 연필이나 펜, 접착식 메모지는 책과 함께 필수적으로 내 곁을 지킨다. 필사하며 좋았던 글의 내용에는 접착식 메모지를 가로로 붙인다. 그리고 반드시 알아야 하거나 다이어리에 적어두고 싶을 정도로 좋은 글귀는 세로로 붙여놓는다. 필사하다 보면 글을 천천히 보게 되고, 생각하게 된다. 작가의 글이 내 의견과 반대의 내용이면 책의 아래쪽을 살짝 접어놓고 내 생각을 책에 메모한다. 나는 책을 조금 지저분하게 본다. 책을 천천히 읽으며 좋은 문장에 밑줄 긋기도 하고 의견도 적기 때문에 책이 깨끗할 수 없다. 그래서 어느 날인가부터는 책을 두 권씩 사기 시작했다.

필사하며 터득한 몇 가지 팁이 있다. 필사할 때 평소 타자 속도의 절반으로 느리게 적는다. 업무와 관련된 문서를 작성하는 속도로 필사하면 문장이 눈에 들어오지 않는다. 글의 내용이 머리를 지나 마음까지 다녀올 시간이 필요하므로 조금 천천히 필사한다. 그리고 필사할 때 가사가 없는 음악을 아주 조용히 틀어놓는다. 혹시 음악으로 인해 불편함을 느끼는 이들이 있다면 개인 취향에 맞게 선택하길 바란다. 하나 더 알려주고 싶은 건 될 수 있으면 늘 같은 자리에서 필사하는 것이다. 몸이 기억하는 장소에서 필사하면 세팅 시간이 단축된다. 앉아서 필사를 시작함과 동시에 즉시 몰입할 수 있다. 그동안 필사를 하며 터득한 방법이니 도움이 되었으면 한다.

필사는 언제 어디서든 여러 가지 방식으로 할 수 있다. 읽고 싶은 책이나 마음에 드는 문장으로 어느 시간대에나 필사가 가능하다. 중요한 점은 나에게 맞는 필사 방법과 원칙을 찾아 꾸준히 해야 한다는 것이다. 아름답고 비싸고, 좋은 옷이라 해도 본인에게 맞지 않으면 입을 수 없고, 불편해서 결국엔 벗게 된다. 필사가 그렇다. 나에게 맞는 글과 장소와 시간이 필요하다. 옷이 편하면 오래 입게 되고, 자주 입게 된다. 필사 역시 각자에게 맞는 방법으로 하되 편하고 오래 할 수 있는 방법을 찾는다면 필사했던 문장과 내용은 나만의 것이 된다. 삶의 지혜와 위로가 되는 글들이 나에게 딱 맞는 옷처럼 편안함은 물론 외부의 숱한 날카로움 들로부터 보호해줄 수 있다면 얼마나 좋을까. 삶이 한결 수월하고, 편안해질 것이다. 나에게 맞는 필사의 원칙을 찾아보자. 언제 어디에서든 할 수 있다. 나를 위한 방법은 이미 준비되어있다.

필사로 적극적인 경청자가 된다

나는 음악을 듣는 걸 좋아한다. 출근하지 않는 주말이면 아침부터 자기 전까지 음악을 듣는다. 기분에 따라 날씨에 따라 여러 종류의 음악을 골라 온종일 틀어놓는다. 언제부터 들었는지 정확히 기억나지도 않고, 어떤 이유에서인지도 모르지만, 그냥 좋아했다.

초등학교 5학년, 이모 댁에 갔다가 사촌오빠가 가지고 있던 카세트테이프를 보게 되었다. 들어도 되냐는 물음에 오빠는 흔쾌히 플레이 버튼을 눌러주었다. 카세트테이프를 통해 흘러나오던 노래는 이승철의 〈마지막 콘서트〉. 초등학교 5학년이 뭘 알았겠냐만 '밖으로 나가버리고' 그 목소리는 잊을 수 없었다. 달콤한 목소리에 너무 놀라 순간 얼음이 되어버렸다. 노래 가사는 중요하지 않았다. 무슨 내용인지 관심 없었다. 단지 놀랍고, 신기했던 건 숨을 엄청나게 오래 참으며 노래하는 분이 있다는 것이었다. 그리고 그 테이프에는 〈소녀시대〉, 〈안녕이라고 말하지마〉 등 주옥같은 명곡이 있었다. 그날의 충격을 고스란히 안고 나의 음악 듣기는 폭주하기 시작했다. 몸이 아파 응급실에 가는 날을 제외하고서는 매일 음악을 들었다. 지금도 나는 음악을 듣고 있다. 이제는 장르도 힙합, 발라드, 클래식, 팝 등 가리지 않고 듣는다. 소리와 분위기, 악기들의 움직임을 귀로 느낄 수 있지만 그래도 내가 듣는 음악의 반 이상은 가사 때문에 듣는다고 할 수 있다. 40대가 된 나는 아직도 이승철의 노래를 듣는다. 꼭 나에게 이야기하는 것 같다. 들어본 이는 알겠지만 〈비와 당신의 이야기〉에는 '사랑해'라는 가사가 여러 번 나온다. 노래의 내용이 가수의 표정과 몸짓, 가사를 통해 나에게 전달되는 걸 느낄 수 있다. '사랑해'라고 말이다.

책은 작가가 하고픈 이야기를 글로 풀어놓은 것이다. 작가의 글은 노래의 가사처럼 독자에게 들려주고 싶은 이야기이다. 그것은 위로의 말일 수도 있고 혹은 힘찬 응원일 수도 있다. 필사는 작가가 하고자 하는 말을 글로 쓰며 천천히 마음에 새기는 것이다. 단지 소리가 아닌 활자일 뿐. 노래에 관심을 두지 않고 흘려들으면 그 노래를 전부 알지 못하듯이 책장을 빠르게 넘겨버리면 작가가 하고자 하는 말은 전달받지 못하고 지나가게 된다. 우리는 책이라는 매개체를 통해 작가의 목소리를 한정된 시간과 공간이 아닌 언제 어디서나 들을 수 있다. 이보다 좋은 일이 어디 있으랴. 심지어 오래전 우리 곁을 떠난 괴테, 데일 카네기, 소로, 니체까지. 그들의 이야기를 쏟아 넣은 것이 책이고 그 이야기를 다시 적어봄으로써 조금은 꼼꼼하게, 천천히 들으며 써볼 수 있는 것이 필사다. 만날 수 없는 이들의 이야기를 지금 여기에서 들을 수 있다는 건 돈 한 푼 들이지 않고 세계여행을 하는 것과 같다. 자리에 앉아 세계여행을 하고 타임머신 없이도 시간을 초월한 여행을 할 수 있으니 놀랍지 않은가. 이러니 나는 오늘도 필사를 멈출 수 없다. 음악처럼 그들의 소중한 이야기를 듣고 느끼며 간직하고 싶다.

나는 노래와 이야기를 듣는 것도 좋아하지만 반대로 주변 사람들에게 하지 못하는 이야기를 누군가에게 하고 싶을 땐 상담센터를 찾아간다. 답답한 마음을 털어놓을 수도 있고, 내 마음이 어떤지 확인할 수도 있으니 시간을 마련해 상담을 신청한다. 평소엔 일과 생활에 치여 나를 돌아볼 겨를이 없다. 하지만 일주일이나 보름에 한 번, 단 한 시간이지만 나를 위한 상담 시간은 너무나 소중하다. 선생님은 항상 같은 자리에서 기다려주신다. "어떻게 지내셨어요?"라는 물음과 함께 눈웃음도 건네준다. 그리고 그동안 있었던 시시콜콜한 이야기까지 모조리 다 꺼내 놓는다. 특히 힘들었던 점이나 새로운 일, 기쁜 일을 얘기하면 그 내용을 더 깊게 느껴볼 수 있게 해준다. 상담 선생님은 한 시간 동안 눈을 마주치며 이야기에 집중한다. 그리고 표정과 목소리의 떨림까지 알아차린다. 눈에 눈물이 고여 있는지 신이나 목소리에 힘이 들어가 있는지. 사소한 것까지 모두 반응해준다. 그리고 "지금 기분은 어떠세요? 잘하고 계세요."라고 이야기하며 공감하고 응원해준다. 내가 한 시간 동안 누구의 이야기를 이렇게 듣는다면 녹초가 될 것 같은데, 상담 선생님은 마주 앉은 그 순간부터 상담이 끝날 때까지 오롯이 나에게 집중한다. 나의 이야기를 적극적으로 그리고 소중히 들어주는 선생님이다.

누군가의 이야기를 귀 기울이고 자세히 듣는다는 건 쉽지 않은 일이다. 상대방의 이야기를 듣고 감정까지 느끼는 경청은 단순한 듣기가 아니다. 상담 선생님께서 보여주었던 경청은 상대방을 존중하는 마음은 물론 이해와 격려가 포함되어 있다. 글에도 작가의 말이 담겨 있다. 냄비 받침이나 장식용 책으로 작가의 이야기를 들을 순 없다. 책을 펼쳐 작가가 무엇을 알려주고자 하는지, 그때의 분위기와 감정들은 어땠는지 작가의 의도는 무엇인지 파악할 필요가 있다. 필사는 작가의 마음을 듣고, 느끼는 작업이다. 단순한 타자 연습이 아니다. 그날 날씨는 어땠으며, 작가가 살던 시간에는 무슨 일이 있었는지 아주 사소한 것까지 알려주고 싶었을 것이다.

남의 이야기를 듣는 것이 말하는 것보다 중요하다는 사실은 아쉽게도 병원 생활을 그만두고 나서야 깨달았다. 병원에서 근무하던 시절 나는 직원들을 교육했다. 업무에 필요한 자료를 준비하고 지식을 전달하는 일이 많았다. 주로 정보를 제공하는 입장이라 여러 책이나 논문, 인터넷 사이트 등을 검색한 후 자료를 정리해서 직원들에게 넘겨주었다. 부서마다 요구하는 자료도 달랐고, 연차에 따라 정보의 내용이 달라야 했다. 정보 전달에 있어 그들이 원하는 내용이 무엇인지 파악하는 게 중요하다는 걸 알았지만, 말처럼 이게 어디 쉬운 일인가. 결국, 퇴사할 때까지 제대로 된 교육을 못 하고 알려주고 싶은 내용만 알려준 것 같은 느낌을 받으며 병원을 나왔다. 일을 쉬는 동안에도 선후배 간호사들이 종종 나에게 연락했다. 본인들의 고충을 들어 달라는 것이다. 고민이 있는 학생부터 현재 실무에 있는 간호사들까지 많은 이야기를 나에게 했다.

고민을 털어놓는다는 건 말하는 이에게 후련함과 안도감을 주고, 듣는 이에게는 보람을 느끼게 하는 일이다. 나는 필사를 함으로써 상대방의 이야기를 듣고 공감할 수 있는 마음이 조금이나마 생겼다. 거기다 여러 권의 자기계발서와 인맥을 통해 문제를 해결하는 데 도움을 줄 수 있었다. 친구나 지인이 이야기할 때 아주 자세히 듣는다. 마음으로 고민을 나눠야 할지 아니면 다른 무언가가 필요한지 경청한다. 필사는 마치 작가의 말을 통해 문제 해결 방법을 마법 카드처럼 한두 개씩 쌓아놓는 것과 같다. 작가가 무슨 이야기를 하는지 유심히 살펴보고 느끼고 적어봄으로써 누군가의 이야기를 경청하는 연습을 하는 것이다. 그리고 필사한 내용에는 해결책까지 나와 있으니 일거양득이라는 말이 여기에 가장 어울릴 만하다.

병원에서 근무할 때는 아픈 이들의 말을 들었다. 특히 중환자실에는 의사 표현이 어려운 이들도 있어 표정이나 몸짓, 숨소리로도 대상자의 상태를 파악해야만 했다. 아주 조그만 변화도 읽어야 했기에 온 신경이 예민해진 상태에서 근무를 해야 했다. 지금은 병원을 떠나 주민들을 대상으로 만나며 그들의 이야기를 듣고 있다. 주민들의 말을 듣는 것도 작가의 말을 듣는 것과 별반 차이 없다. 책을 쓴 작가도 어느 동네의 주민일 것이니. 책을 통해 작가들이 어떤 말을 하고 싶은지 또 나는 어떤 이야기를 나누고 싶은지 매일 필사를 하며 점점 성장해 나가고 있다. 누군가에게 받기만 하는 사람보다는 듣고 공감하고 격려해주는 존재가 되고 싶다. 이제는 말하는 것보다 듣는 것이 훨씬 편하다. 필사는 누군가의 이야기를 편하게 들을 수 있도록, 자세히 들을 수 있도록 만들어주는 교본이다. 그리고 필사를 통해 남들의 이야기뿐만 아니라 내 마음의 소리를 듣게 됨을 가장 감사하게 생각한다. 나는 내가 무슨 생각을 하는지, 그것을 어떻게 받아들이는지, 감정이 어떤지 알아차리는 것이 서툴렀다. 생각해보면 알아차리고 싶은 마음이 없었던 게 맞다. 내 마음을 알아버리면 무섭거나 두려울까 봐 그냥 덮어두었다. 하지만 필사를 하면 내가 나에게 하는 이야기를 들을 수 있다. 두려움과 불안함을 잠재울 수 있다. 이제는 귀 기울여 내 안에 소리를 듣고 무엇을 원하는지 물어보자. 가만히 앉아있거나 누워있지 말고 적극적으로 몸을 일으켜보자. 문제가 해결될 것이다. 필사를 통해 경청하는 자세를 배우고 위로받으며, 나에게 응원을 해주자.

필사했더니 마음도 안정되더라

여름이 막 시작될 무렵의 어느 날. 세차게 내리는 빗소리에 잠이 깼다. 더듬거리며 휴대전화를 보니 새벽 3시 32분. 정신없이 비가 내리고 있었다. 단단한 이중창이라 밖의 소리가 잘 들리지 않는 편인데도 창에 부딪히는 빗소리는 상당히 요란스러웠다. 창문을 열어 마당에 세워진 차를 내다봤다. 차가 부서질 정도는 아니었지만, 지붕을 뚫을 기세로 비가 내리고 있었다. 비를 바라보며 잠시 생각에 잠겼다. '비를 피할 수 있는 집이 있고, 차를 타고 회사에 갈 수 있으니, 참 다행이다. 비가 오기는 하지만 조금은 마음 놓이네.' 그렇게 쏟아지는 비를 한참 바라보다 다시 잠이 들었다. 불안한 마음은 사라졌고, 출근할 때까지 푹 잠을 잤다. 필사하기 전에는 몰랐다. 불안하고 초조한 마음을 잔잔하게 할 수 있는 방법이 필사라는 것을. 자리에 앉아 책을 펼치면 요동치던 마음이 잠잠해졌다. 그리고 필사하면 할수록 불안함의 농도는 옅어졌다.

삶의 비바람은 늘 예기치 않게 쏟아진다. 하지만 필사를 하면 예측 못하는 불안한 상황이 와도 안전함을 느낄 수 있다. 글을 보며 따라 쓰는 작업은 흔들리는 마음과 생각을 단단히 잡아준다. 혹 그대들이 꺼질 듯한 촛불처럼 불안하고 위태로운 삶을 살고 있다면 필사를 권한다. 잔잔하고 편안한 마음이 내 안에 가득 찰 것이다.

불안한 마음의 시작은 아마도 초등학교 5학년 무렵이었던 것 같다. 건강했던 엄마는 언제부턴가 허리 통증을 호소했고, 결국 몸이 불편해 1년 정도 집 밖에 나갈 수 없게 되었다. 대부분의 시간을 집 안에서 생활했고, 머리를 감는 것조차 아빠가 감겨줘야만 했다. 3학년인 남동생과 5학년인 나는 집과 가까운 학교에 다녔다. 아침이면 신나게 노래를 부르며 동생 손을 잡고 등교했다. 하지만 가끔 예상치 못한 비가 쏟아지는 날에는 동생과 함께 학교 후문에 서서 서로의 얼굴을 보며 당황해했다. 학교 후문 앞에는 친구들의 엄마와 아빠, 할머니와 할아버지까지 모두 우산을 들고 마중 나와 있었지만 나는 동생 손을 잡고 가만히 서 있을 수밖에 없었다. 나와 동생은 출근한 아빠가 우리를 데리러 오지 못한다는 걸 알고 있었다. 그리고 더욱이 엄마의 우산은 생각조차 하지 못했다. 동생과 나는 얼굴을 마주 보며 두 눈을 한 번 질끔 감았다 뜨고 "하나, 둘, 셋!"을 외친 후 질주했다. 뭐가 그리도 신이 났던지 비 맞은 생쥐 꼴이 되어서도 집에 도착해 깔깔거리며 웃었다. 집이 가까워 비를 덜 맞았지만 그래도 몸이 젖은 터라 몸이 떨리고, 입술도 새파래졌다. 웃으며 괜찮다고 스스로 다독

이며 지냈던 시간이었지만 그래도 우산 없이 비를 맞았던 그 날은 마음 한켠에 슬픈 기억으로 자리 잡았다. 우산이 있었다면 천천히 걸어왔을 테고, 엄마나 아빠가 마중을 나왔다면 비가 와도 신이 났을 것이다. 우산이나 장화를 가지고 있었거나 차를 몰고 하굣길을 마중 나오는 부모님이 계셨다면 당연히 편했을지 모른다. 하지만 이 모든 걸 바라지도 투정 부리지도 못한 나는 현실을 무척이나 빨리 받아들인 초등학교 5학년의 소녀였다. 비는 나에게 즐거움을 안겨주기도 했지만 대부분 불편하고, 슬픈 존재였다. 비를 피하고 다닐 순 없으니 우산이나 장화와 같은 방패로 나를 보호하는 것이 내가 할 수 있는 최선의 길이었다.

　살아가는 데 있어 필사는 나에게 이런 우산과 장화 같은 존재가 되었다. 잘 지내다가도 내 삶에 폭우가 쏟아지는 날도 있고, 며칠 동안 시련의 비가 그치지 않을 때도 있었다. 하지만 어려움을 가득 머금은 시련의 비를 견뎌내기 위해 필사를 하고 나면 나조차도 알 수 없는 힘이 생겼다. 필사는 나에게 우산이 되어 주기도 했고, 때론 장화도 되어 주었다. 매일 햇빛이 쨍쨍하고 파란 하늘이 기다리지는 않는다. 종종 마음에 비도 내리고 태풍이 몰아치기도 한다. 심지어 비 오는 날 지나가는 차에 흙탕물이 튀어 옷을 버릴 수도 있다. 내가 원하지 않아도 흙탕물을 뒤집어쓰는 일은 언제든지 만날 수 있다. 슬프고 우울한 마음의 비가 우리를 적시더라도 필사를 통해 우산을 마련해보자. 아무것도 없이 비를 맞는 것보다 훨씬 든든하다. 필사는 나를 지켜준다. 수첩에 간단히 한 줄 적어봐도 좋고, 컴퓨터를 켜고 책에 있는 글을 한두 장 적어봐도 좋다. 원하는 만큼 적고, 할 수 있는 시간에 해보면 된다. 필사를 하면 마음이 차분해지고 불안한 마음이 사라진다. 비가 세차게 내리다 맑게 갠 하늘처럼 마음의 안정을 찾게 된다. 쓰기 전에는 어려움이 폭우로 느껴지겠지만 필사를 마치고 나면 안개비처럼 가볍게 느껴질 것이다. 비는 언제든지 내린다. 시간이 지나도 쏟아지게 되어 있다.

운전면허증을 취득해 운전을 시작하니 비가 싫은 날이 많아졌다. 비 오는 날 저녁 운전은 눈이 좋지 않은 나에게 사고의 위험성까지 있어 가끔 나를 뚜벅이로 만들기도 했다. 운전하다가 뚜벅이로 다닐 때면 옷이 비에 젖어 살에 달라붙는 느낌이 싫고 신발과 양말이 젖을 땐 출근과 동시에 퇴근하고 싶은 마음이 들기도 했다. 그렇다고 비를 오지 말라고 할 수도 없으니 어떻게든 하루를 잘 보내야 했다. 또다시 나의 방패인 우산을 챙겼다. 나이를 먹어 그런지 '남들이 나를 어떻게 볼까?' 하며 신경 쓰는 것도 줄어들어 폭우가 쏟아지는 날에는 출근할 때 운동복 차림에 슬리퍼를 신고 출근하기도 했다. 당연히 가방에는 여분의 옷과 신발, 양말까지 챙겼다. 집에서 나갈 땐 짧은 바지에 슬리퍼를 신고, 수건까지 머리에 둘렀지만, 출근 후에는 여유 있게 여분의 옷으로 갈아입었다. 불안했던 초등학생의 내가 아닌 지금의 내가 비에 대처하는 자세다.

필사는 이제 나에게 어려움을 막아주는 우산 역할 뿐만 아니라 여분의 옷과 신발인 마음의 여유까지 안겨준다. 필사하면 할수록 나의 옷과 신발은 계속 늘어난다. 이제는 시련의 비가 와도 맘 편히 웃을 수 있다. 어렵거나 힘든 일이 생길 때 막막함보다 먼저 생각나는 건 '어떻게 이 문제를 해결할 수 있을까?'라는 것이다. 필사했던 내용을 머릿속에서 모두 끄

집어낸다. 삶을 어찌 평탄하게만 살겠는가. 당연히 괴로움에 몸부림칠만한 일들이 우리를 향해 달려온다. 그럴 때면 필사했던 나의 모든 무기를 꺼내 보자. 해결할 방법을 모조리 꺼내 최선을 다해보자. 필사할수록 어려움에 대처할 수 있는 나만의 노하우는 차곡차곡 쌓인다. 그리고 한고비를 넘기고 나면 또 다른 어려움을 헤쳐 나갈 용기가 생긴다. 불안함은 곧 용기로 바뀔 것이다. 할 수 있다는 믿음을 나에게 심어주면 된다. 이모든 건 필사로부터 가능하다.

비는 나를 불편하게도 하고, 귀찮게도 하고 때론 위험하게도 한다. 하지만 비는 언제든 올 수 있고, 많이 혹은 적게도 올 수 있다. 비처럼 힘든시간 역시 나에게 오지 말라 명령하거나 막을 수 없다. 하지만 필사는 우산과 장화의 모습으로 지켜주고, 불안하거나 불편하지 않게 도와줄 것이다. 비바람이 부는 마음을 잔잔하게 만들고 싶다면, 혹은 내 삶이 지금 태풍 속에 존재하고 있다면 필사라는 방패를 만들어 요동치는 삶을 고요하고 잠잠하게 만들어 보자. 필사의 내용을 마음에 담아 비바람이 몰아쳐도 막아내고, 꾸준한 필사를 통해 마음의 여유까지 생긴다면 그 무엇이와도 무서울 것 없으니 이처럼 좋은 방패를 마련할 수 있길 바란다. 이제필사를 시작해보자. 내일이 아니라 지금, 당장 시작하자. 그대들에게 마음의 평화가 찾아올 것이다. 곧 비바람이 걷히고, 구름 한 점 없이 새파란하늘이 당신을 기다리고 있을 것이다.

나를 지탱해주는 힘, 필사

사랑의 상처는 다른 사랑으로 치유된다는 말을 어디선가 들어봤다. 그리고 시간이 흐르며 깨달은 건 사람으로부터 받은 상처 또한 다른 누군가로부터 회복된다는 걸 알았다. 혼자만 살 수 있는 세상이 아니기에 우리는 상처를 피해 갈 수 없다. 당연히 행복하고 즐거운 시간도 존재한다. 하지만 그 행복을 모두 덮어버릴 정도의 무서운 경험을 하고 나면 세상이 두려워지기도 하고, 숨어버리고 싶기도 한다. 직장이나 가까운 사람들로부터 받았던 상처들은 아물지 않을 것처럼 생각되지만 어디선가 슈퍼히어로 같은 존재들이 나타나 나와 동행하며 어려움을 헤쳐 나가는 데 도움을 주기도 한다.

나는 평범한 사람이다. 그러니 평생 아무 일 없이 지냈다고 한다면 거짓말일 것이다. 여전히 가시밭길을 지나고 있지만, 힘든 시간을 견딜 수 있었던 건 〈책성원〉의 힘이 크다. 평소에도 끄적거리기는 했으나 본격적으로 시작했던 필사는 내가 글을 쓸 수 있는 에너지가 돼 주었다. 어려운 상황 속에서 필사를 함께 하는 이들은 나만의 슈퍼히어로가 되어 내가 무너지지 않게 지켜주고 있다. 나도 사람인지라 힘들기도 하고 지치기도 한다. 그리고 〈책성원〉의 식구들도 아무 문제 없이 매일 행복한 삶을 살진 않는다. 하지만 서로에게 의지하고 필사를 통해 무너지지 않도록 격려해주고 보듬어준다. 책을 쓰고 성장하며 원하는 삶을 살기 위해 모인 사람들. 비난하거나 단점을 들추기보단 필사를 통해 공감하고 응원하며 용기를 가질 수 있도록 격려해준다. 가족처럼 친구처럼 필사를 통해 아픔을 나누며 서로의 빈 곳을 채워주고 지탱해준다. 쓰러지지 않도록 서로에게 큰 힘이 되어 준다. 필사라는 하나의 연결고리를 통해 단단히 엮여 있다.

내가 어릴 적 살던 곳은 바닷가 동네였다. 학교 수업이 끝나면 동생과 함께 바다로 달려갔다. 비닐봉지 한두 장을 주머니에 넣어 바다로 내려가 고둥도 잡고 나무 열매를 따오기도 했다. 바다 앞에는 커다란 돌들이 차곡차곡 쌓여있었다. 신기하게도 울퉁불퉁하거나 구멍이 숭숭 나 있지 않았다. 빽빽하고 높게 쌓인 돌들은 '무궁화꽃이 피었습니다' 게임을 하기에 좋은 장소였다. 바다에 들어가 본격적으로 놀기 전 동생과 함께 쌓인 돌 주변에서 신나게 놀았다. 나중에 알게 된 사실이지만 돌들이 높게 쌓아져 있었던 그곳은 다름 아닌 성벽이었다. 내가 고둥을 잡던 바다는 입도를 위한 포구였고, 높이 쌓아진 돌들은 바다로부터 침입하는 적들이

상륙하지 못하게 하는 방어용 성벽이었다. 그래서 돌이 튼튼하고 견고하게 쌓인 게 맞았다. 지금 생각해봐도 어떻게 쌓아 올렸을까 하는 생각이 들 정도다. 세찬 바람에도 흔들리지 않고, 적과의 싸움에도 무너지지 않도록 튼튼하게 만들어졌으니 삶의 터전을 지키기 위한 옛 선조들의 마음이 성벽에서 느껴졌다.

필사는 이런 성벽을 쌓는 과정이다. 튼튼한 성벽과는 반대로 나는 유리멘탈을 가졌다. 아주 조그만 충격에도 바스러지는 유리멘탈. 거기다 예민하기까지 하니 사회생활을 하는 건 늘 힘듦 이상이었다. 그렇지만 나에게도 버티게 하는 무기가 있었으니 그것이 바로 성벽 역할을 하는 책과 필사였다. 외부로부터 날아오는 비수 같은 말들이나 내가 어찌할 수 없는 일들이 나를 향해 공격해올 때면 가장 큰 무기인 책을 꺼내 들었다. 총과 칼 대신 나에게는 책이 있었다. 독서조차 하기 힘든 날엔 필사를 했다. 생각하고 싶지도 않은 일들이 겹쳐올 땐 책을 펼치고 무작정 쓰기 시작했다. 그러다 보면 문제를 어떻게 해결할 수 있을지 방법이 생각났고, 당황스럽고 속상한 마음도 차분히 정리됐다. 필사를 꾸준히 할수록 무기는 점점 많아졌다. 적들이 나를 향해 공격하더라도 내가 가진 수많은 무기로 막아낼 수 있었다. 하물며 금전적인 공격, 사람으로부터의 비난까지도 필사를 통해 방어할 수 있었다. 고슴도치처럼 가시를 곤두세우고 한껏 예민해진 나는 한마디 말에도 상처받았다. 상처가 큰 날엔 성벽 한쪽이 와르르 무너진 것 같은 느낌을 받았다. 그런 날은 평소보다 더 많이 필사했다. 무너진 성벽을 다시 쌓아 올리고 거기다 빈 공간에 시멘트까지 부어놓는 작업을 했다.

나의 성벽은 앞으로도 수백 번 무너지고 다시 쌓아 올리고 반복할 것이다. 숨을 쉬고 살아가는 이상 외부로부터의 공격은 피해 갈 수 없다. 거기에다 가장 무서운 나라는 존재가 있지 않은가. 나도 나를 공격한다. 무기력함, 우울감, 포기와 같은 나의 공격에도 방어해야 한다. 필사는 외부의 공격에도 방어할 수 있지만 가장 큰 장점은 내 안의 공격을 방어할 수 있다. 책을 펼쳐 글을 쓰다 보면 작가들의 생각이 무기로 변신한다. '할 수 있어', '포기하지 마', '행복하자'와 같은 말들이 내 마음 안에 장착된다. 필사한다는 것은 나를 지탱해줄 무기를 만들고, 성벽을 쌓아 올리는 작업이다. 그러니 이 세상 살아가고 있는 모든 이들, 특히 나와 같은 유리멘탈을 가진 이들에게 필사해 보라 말하고 싶다.

간호학과를 다니던 나는 정말 지독하게도 공부를 안 했다. 국가고시에 불합격하면 간호사가 될 수 없으니 학생들은 보통 공부를 열심히 했지만, 나는 어쩜 그리도 공부를 안 했는지. 지금 생각해봐도 부모님은 나를 포기했거나 인내심이 엄청난 분임이 틀림없었다. 내가 선택한 학과임에도 불구하고 결석하는 날이 많았고, 학교에서 여러 날 숙면을 했으니 이 얼마나 답답할 노릇이었나. 그나마 다행히도 K 지도교수님께선 나를 버리지 않으시고 복도에서 만날 때면 이렇게 말씀하셨다. "네 성적으로 국가고시 치를 수 있겠니? 간호사 할 생각이 있긴 하니?" 얼마나 완벽한 진실인가. 교수님께선 나를 교수님 방으로 자주 부르셨다. 교수님 말씀이 혼내는 것인 줄도 몰랐다. 그저 책으로 가득한 교수님 방이 신나고 좋았을 뿐. 정신 못 차리고 자주 드나들던 교수님 방이 내 집처럼 편하기까지 했으니 이 정도면 자퇴 안 하고 학교에 다닌 내가 신기할 정도였다. 시간이 흘러 교수님께서는 특단의 조치를 취했다. 동기들의 의견과 교수님의 압력이 더해져 나는 부과대가 되었다. 출석도 겨우 하는 내가 부과대라니. 감투에 대한 책임감은 먼지만큼 남아있던 터라 일단 학교는 잘 나갔다. 교수님께서는 나의 많은 부분을 알고 있었다. 가장 친한 친구 S양이 과대니 내가 친구 따라 학교와 도서관에서 지낼 거라는 걸 미리 생각하신 듯했다. 그렇게 과대인 친구와 나는 학교와 도서관을 오가며 공부했다. 아는 게 없으니 친구는 요점정리까지 해가며 나를 챙겨줬다. 학교에서 잠자기 바빴던 나는 조금씩 정신을 차렸고, 마침내 국가고시를 치를 수 있게 되었다. 국가고시를 며칠 앞두고서 친구는 우리 집에서 숙식하며 공부 했다. 교대로 잠을 자며 최선을 다했다. 불합격하면 다시 1년을 기다려야 했고, 간호사로서 근무할 수 없기 때문에 그 걱정은 상당했다. 친구는 수시로 질문하는 나에게 단 한 번도 화를 낸 적이 없었다. 오히려 할 수 있다고 포기하지 말라고 응원해주었다. 무시무시했던 국가고시를 통과하고 우리는 둘 다 간호사가 되어 지금도 일을 하고 있다. 멀리 떨어져 각자의 삶을 살고 있지만, 마음만큼은 늘 함께하고 있다. 힘든 시간 나를 지탱해준 친구는 지금도 나를 위해 기도하고 있다.

친한 친구가 내 곁에 없어도 지금 내 곁에는 책이 그 자리를 대신해주고 있다. 필사하는 책 중에는 너무 자주 봐 중간에 헤진 곳을 테이프로 붙여놓은 책들이 몇 권 있다. 필사하는 내용은 자주 보고 눈에 익은 내용이지만 반복해서 읽어도 지겹지 않다. 친한 친구처럼 편하게 다가온다. 아기 엄마가 된 친구는 밤이고 새벽이고 통화하기 어렵지만, 그 친구가 남겼던 글과 메시지는 언제나 나와 함께 하고 있다. 필사는 이제 나의 친한 친구다. 나에게 응원의 말도 건네주고, '지금 이러고 있을 때가 아니다.'라는 이야기도 해준다. 때론 등을 한 대 찰싹 때리는 듯한 느낌을 주는 문장도 있다. 대학 생활을 버티게 해주었던 친한 친구의 역할을 이제는 필사가 대신하고 있다.

　힘든 일을 겪거나 큰일을 겪고 나면 나를 지탱해주는 이들이 누구인지 뚜렷하게 알 수 있었다. 곁에 남아있는 이들이 그것을 증명했다. 껍데기만 있던 사람들은 모두 떠나갔다. 몇 년 전, 매우 어려운 상황이 나에게 덮쳤고 그 시간을 통해 지금 내 곁에는 소중한 이들 몇 명만이 남아있다. 힘들고 아팠던 시절 나는 자주 입원했었다. 칠흑같이 어둡던 시간. 입·퇴원을 반복하니 직장생활을 할 수 없어 주머니 사정은 이미 바닥을 치고 있었다. 그때 친한 친구 녀석이 병문안 왔다 병실을 나가며 봉투 한 장을 건네주었다. 그 안에는 편지와 함께 돈이 담겨 있었다. "내가 일을 하고 널 도와줄 수 있어 참 다행이야. 그러니 힘내. 친구야. 사랑한다." 친구가 떠나고 난 뒤 나는 밤새 울었다.
　나를 아껴주는 많은 사람에게 사랑받고, 필사를 통해 살아갈 힘을 얻는다. 사람들로부터 받은 상처는 다른 이들로부터 회복되고, 필사를 통해 용기를 얻는다. 지치고 힘들면 쓰러질 수 있다. 하지만 아무런 충격 없이 고꾸라지는 것보다는 나를 지탱해주는 이들이 곁에 있다면 쓰러져도 조금 덜 아플지 모른다. 브라이언 트레이시, 나태주, 고수리, 글배우 등 수많은 이들이 나를 지탱해주고 있다. 평범한 나와 마찬가지로 힘든 시간을 보내는 이들이 있다면, 혹은 쓰러질 것 같은 상황이라면 필사를 통해 삶의 커다란 무기를 가져보아라. 그리고 많은 지원군을 만나보라. 시간과 공간을 초월해 반드시 그대들을 지켜줄 것이다.

필사, 내 인생을 바꾸는 시발점이었다

초등학교 1학년 크리스마스 선물로 아빠에게 일기장을 받았다. 그 이후로 나는 30년 넘게 일기를 쓰고 있다. 매일 쓰지는 못하지만 그래도 자주 쓰려 노력한다. 평생에 잘한 일 중 몇 손가락 안에 꼽을 만한 일이 일기 쓰기다. 행복했던 순간들 그리고 지우고 싶은 기억까지도 모두 기록했다. 필사를 시작한 이후로 나는 일상을 기록하는 일기 말고도 '감사일기'를 쓰기 시작했다. 필사를 하다 보니 날마다 감사했다. 하루 세끼 밥을 먹을 수 있는 것만으로도 감사했고, 일을 할 수 있는 것에도 감사함을 느꼈다. 필사하고 난 후 마지막에는 나를 위한 감사일기와 가족을 위한 감사일기를 썼다. 예전의 나는 짜증이 많았고, 예민했다. 무엇 때문이었는지 모르겠지만 늘 화가 나 있었다. 그리고 인상을 쓰며 일하는 경우가 많았다. 필사를 조금 더 빨리 알았더라면…. 나의 일상과 사회생활을 했던 마음가짐에 대해 아쉬움이 크다. 이제라도 필사를 시작한 게 정말 다행이라 생각한다. 필사를 통해 감사하는 마음을 가지게 된 이후로 하루하루가 소중하고 아름답다. 숨을 쉬고, 걷고, 사랑하는 사람들과 추억을 나누는 것. 그 모든 것이 감사하다. 생활이 바뀐 건 없다. 단지 필사를 통해 삶을 대하는 내 생각이 바뀐 것이다. 생각을 바꾸면 세상이 달라 보인다. 필사는 내 삶을 송두리째 바꿨다. 그것도 아주 아름답고 행복하게 말이다.

얼마 전 나를 충격에 빠뜨린 영상이 있었다. 그 영상의 주인공은 시각 장애가 있는 애널리스트 신순규님이었다. 신순규님이 나온 영상 하나로 얼어있던 나의 의식이 완벽하게 녹아내림을 느꼈다. 두 눈으로 세상을 보는 것이 불편하지만 가능할 것이라는 가정하에 방법을 찾아보고 할 수 있는 모든 걸 다 하겠다는 의지는 내 삶을 변화시키기에 너무나 충분했다. 영상이 끝나고 난 뒤 두 손으로 얼굴을 감싼 채 한참을 앉아 있었다. 그리고 걷고 뛰고 보는 것이 당연하다 여기며 살아온 날들이 부끄러워졌다. 공부할 때 필기구를 탓하며 이것저것 불평, 불만을 늘어놓았던 내가 한심하게 느껴졌다. 그렇게 나는 한동안 자리에서 일어날 수 없었다. 그날의 충격은 지금까지도 심장이 두근거릴 만큼 강력했다.

그분의 삶이 너무나 궁금했다. 그리고 영상이 끝나자마자 신순규님의 에세이 《어둠 속에서 빛나는 것들》이라는 책을 구매하고 도착과 동시에 읽기 시작했다. 책을 읽는 내내 머리가 아팠다. 미간이 찌푸려졌다. 지난 삶을 허투루 산 것 같은 느낌이 들었다. 하지만 지난날에 대한 후회보다 앞으로 어떻게 살아가야 할지 방향을 잡기에 너무도 좋은 기회라 생각이 들었다. '세상이 뭐 이래. 이번 생은 망했어. 왜 나만 이렇게 힘든 거야.' 모두가 나를 괴롭히고 있다는 생각은 완벽히 달라졌다. 책을 읽고 덮어버리기엔 너무 아쉬워 필사를 시작했다. 꼼꼼하게 그리고 천천히 필사했다. 필사할수록 세상이 달라 보였다. 내가 지나온 역경의 순간들이 걸림돌이 아니라 디딤돌로 느껴졌다. 과거에 나는 몸과 마음이 지쳐 있었다. 나에게만 어려움이 닥치는 듯했고, 모두가 나를 버린 것 같았다. 그러나 이제서야 알게 되었다. 나를 외롭고 힘들게 만들었던 건 그 누구도 아닌 나 자신이었음을. 깨달음은 필사를 통해 찾아왔다. 이제는 해결하지 못할 것 같은 어려움, 내가 원치 않았던 문제들까지도 불평하지 않는다. 나는 모든 것을 받아들이기로 했다. 어려움을 해결하기 위해 최선을 다하겠다 결심했다. 어떤 문제를 해결하기 위해선 많은 시간과 노력이 필요하다. 주위에서 종종 묻는다. "어떻게 버티는 거야?" 대답은 항상 같다. 그 오랜 시간 버티는 힘은 책과 필사에서 비롯했다고.

세상에는 많은 사람들이 그들만의 방식으로 살아내려는 방법과 해결책을 자세히 기록해 놓았다. 필사를 통해 어려움을 극복할 수 있는 방법을 찾아보자. 책을 펼쳐 적어보기만 하면 된다. 시작은 내 손에 달려있다. 미루지 말자. 지금 당장 써보자. 쓰고 내 것으로 만들어 보자. 삶이 변화될 것이다.

필사는 힘든 시간 나를 견디게 해주었고, 나에게 주어진 상황을 감사히 받아들이도록 도와주었다. 얼마 전까지만 해도 나는 사람들이 무서웠고, 자꾸 어디론가 숨고만 싶었다. 하지만 필사는 나에게 주도적인 삶을 살 수 있도록 가르쳐주었다. 글을 쓰며 깨닫고, 주어진 상황을 극복하기 위해 일어서려 노력했다. 시간이 지날수록 숨고만 싶었던 마음은 조금씩 사라지고 변화를 위한 행동을 시작하게 되었다. 필사하면 감사의 마음과 행복이 넘쳐났다. 그래서 나는 이런 변화와 행복을 혼자만 간직하고 싶지 않았고, 넘쳐나는 온기를 나의 사람들과 나누고 싶어졌다.

　방안에서 혼자 끄적거리는 모습도 충분히 평온했지만, 누군가와 함께 한다면 나의 행복을 나눠줄 수 있을 것 같았다. 그러기 위해선 나를 드러내는 일을 해야만 했다. 집 안에 숨어서는 변화의 기쁨을 나눠줄 수 없었다. 필사를 통한 삶의 즐거움을 알려주고 싶었다. 그래서 나는 바뀌기로 결심했다. 나의 이름을 모르는 이들에게 나를 알리고, 필사의 행복을 전할 수 있는 방법을 찾아봤다. 행복의 불씨가 사라지기 전에 뭐라도 해보고 싶었다. 그렇게 나는 필사와 독서를 하는 모임 〈북끄북끄〉를 만들었다. 어디를 가도 조용히 있다가 사라지는 게 편했던 예전의 모습에서 벗어나 이젠 〈북끄북끄〉 모임을 이끄는 운영자가 되어 함께 하는 이들에게 필사와 독서를 권하고 있다. 필사라는 도구를 가지고 스스로 가둬놨던 울타리를 부쉈다. 무섭고 부담스러웠지만 떨림이 느껴지는 도전이 싫지만은 않다. 〈북끄북끄〉는 책을 읽고 끄적거린다. 필사를 통해 경험하는 모든 걸 이야기하고 어떤 책이든 장르 상관없이 읽거나 생각을 공유한다. 책이나 필사 그리고 일상에서 필요한 정보까지 나눈다. 책을 읽지 않아도 만날 수 있다. 우리는 만나서 상대방의 이야기를 경청한다. 좋은 사람들과 행복을 나누고 싶었다. 그래서 필사를 알리는 일을 시작했다. 또 다른 나의 모습으로 모임을 통해서, 그리고 책을 통해서.

　세계적인 비즈니스 컨설턴트이며 《성공의 지도》의 저자인 브라이언 트레이시가 말했다. 삶은 위기와 문제의 연속이라고. 나에게도 위기와 문제가 끊임없이 찾아왔다. 어쩔 수 없이 근무지인 병원을 떠나야만 했던 상황도 있었고, 모든 걸 포기하고 싶었던 순간도 찾아왔었다. 하지만 위기와 혼란의 순간에도 내 곁에는 가족과 사랑하는 이와 친구들이 늘 함께해 주었다. 그리고 얼굴을 맞대며 이야기 나눌 순 없지만, 브라이언 트레이시, 벤저민 프랭클린, 데일 카네기, 팀 페리스, 강원국 작가님을 포함한 많은 작가가 나와 함께 했다. 책을 통해 나에게 전해주는 메시지를 필사함으로써 내 인생이 읽는 삶에서 쓰는 삶으로 변화되었다. 1장이 끝나는 이 지점까지 그대들이 읽었다는 건 무엇이든 해볼 마음이 조금이라도 있는 거라 믿고 싶다. 삶을 변화시키고 싶다면 필사를 해보자. 그 변화의 실례가 여기 있다. 나는 글을 쓰고 있다. 독자로서 서점을 왔다 갔다 하며 책을 고르던 내가 이렇게 글을 쓰고 있다. 놀랍지 않은가. 나는 그냥 평범한 사람이다. 이 커다란 지구별에 점하나 정도 되는 조그만 존재다. 그대들도 평범한 사람이라면 충분히 작가가 될 수 있다. 커다란 변화는 그리 먼 곳에 있지도 않고, 그렇게 화려한 모습도 아니다. 내가 경험한 변화의 삶은 아주 쉬운 필사에서 시작되었다. 시발점. 첫 출발을 하는 지점이다. 출발을 어렵게 시작할 필요는 없다. 필사는 쉽다. 그러니 부담 없이 도전할 수 있다. 글을 쓰는 출발은 필사부터 시작한다. 삶을 변화시켜보자. 독자의 삶에서 작가의 삶으로 인생 역전에 성공하길 바란다. 아무것도 모르겠고 정말로 막막하다면 우리가 있지 않은가. 주변을 둘러보자. 필사하는 순간 세상이 달라질 것이다. 꼭 성공하길 바란다. 나 역시 그대들의 삶이 변화되길 온 마음 다해 응원한다.

제2장
가장 쉽게 작가되는 법은 필사였다

정은혜

쓰면서 배워라

《내 인생을 바꾸는 독서의 힘》이라는 전자책을 출간했다. 처음에는 책을 쓰는 일이 막막했다. 짧은 글도 쓰기 어려워하던 나였다. 하다못해 인스타그램에 내 글 올리는 것도 힘들어 했다. 내 글을 다른 사람들이 읽는다는 것이 부끄럽게 느껴졌다. 나는 유순한 성격에 순종적인 사람이다. 그래서 남의 말을 듣고 시키는 대로는 잘한다. 내 목소리를 내는 것이 마냥 어색하기만 했다. 내가 글을 쓸 수 있을까? 하는 의문도 들었다. 그래도 써야겠다는 일념 하나로 쓰기 시작했다.

첫 꼭지를 쓰기 위해 일주일 동안 씨름을 했다. 첫 줄을 쓰기 위해 도서관에도 가고 조용한 카페도 찾아가 보았지만 하루 종일 앉아만 있다 돌아왔다. 다른 책들을 뒤적여도 보았다. 별 소용이 없었다. 다른 작가님께 조언을 구했다. 작가님께서 글이 안 써진다는 것을 글로 써보라고 조언을 해 주셨다. 일단 그렇게라도 써 보기로 마음먹었다. 그렇게 첫 줄을 쓰면서 글은 술술 풀려나갔다. 사례들도 찾게 되었다. 찬찬히 생각해보니 오랜 기억 속에서 독서와 관련된 사례들이 하나씩 떠올랐다. 첫 줄을 쓰기 시작하면서 일사천리로 매일 한 꼭지씩 글을 쓸 수 있게 되었다.

책을 본격적으로 읽기 시작하면서 작가의 꿈을 꾸게 되었다. 내가 제일 잘하고 좋아하는 일을 찾은 것이다. 평소 책을 많이 읽는 편이었다. 많이 읽다 보니 글 읽는 속도가 빨라졌다. 책을 어떻게 읽어야 하는지도 책을 통해 배우게 되었다. 많은 책을 읽다 보니 책을 쓰고 싶어졌다. 2021년 신년 비전 보드에 첫 책 쓰기를 넣었다. 인터넷을 검색해서 책 쓰는 모습을 프린트했다. 비전 보드에 붙였다. 잘 보이는 거실에 매일 볼 수 있도록 걸어두었다. 그런데 책을 쓰기로 마음 먹고부터 글쓰기가 더 어려웠다. 두렵기도 했다. 그 흔한 인스타그램에도 내 글을 표현하는 것이 어려웠다. 잘 써야 한다는 부담감 때문이었을 것이다. 그래서 선택한 것이 필사였다.

글을 많이 써야 한다는 것은 알고 있었다. 하지만 어떻게 써야 할지 막막했다. 왕초보인 내가 어떻게 많은 글을 쓸 수 있을까 하는 의문이 많았다. 일단 써야 한다는 생각에 필사부터 시작했다. 다양한 책에서 필사에 대한 유익한 점들에 관해 이야기하고 있었다. 내 목소리를 내는 것은 어려워도 남의 것을 따라 베껴 쓰는 것은 편안했다. 쉽게 할 수 있었다. '거인의 어깨에 올라 서라'는 문구가 눈에 확 들어왔다. 안도감이 생겼다. 편안한 마음으로 필사를 시작했다.

첫 필사책으로 강준민 목사님의 《천천히 깊이 읽는 독서법》이란 책으로 필사했다. 그 당시 독서에 많은 관심을 가지고 있을 때였다. 내가 육아로 힘들어할 때 만난 책이 강준민 목사님의 책들이었다. 목사님의 책들은 간결하고 누구나 읽기 쉬웠다. 쉽고 간결한 문체가 너무 좋았다. 그래서 일단 목사님의 책을 필사하며 문체를 배우고 싶었다. 흉내라도 내고 싶었다. 필사하면 좋은 문체를 따라 할 수 있을 것 같았다. 무작정 필사를 시작했다.

내가 전자책을 쓸 수 있었던 힘이 필사였다는 것을 쓸 동안에도 몰랐다. 전자책을 출간함과 동시에 공저 쓰기를 위한 필사를 본격적으로 시작했다. 하루 30분 이상 필사를 했다. 인스타그램에 인증도 했다. 본격적인 필사를 하고도 한참이 흐른 후에야 내가 전자책을 빠른 시간 안에 쓸수 있었던 힘이 필사 덕분이라는 것을 알게 되었다. 평소에 필사를 해 왔기 때문이었다.

필사한다고 하루아침에 글쓰기 실력이 확 느는 것은 아니다. 그러나 시간이 지나고 나면 알게 된다. 가랑비에 옷이 젖듯 서서히 내 몸이 글 쓰는 몸이 되어 가고 있었다. 나도 한참 후에야 필사가 책을 쓰게 하였다는 것을 알게 되었다. 쓸 때는, 쓰고 나서도 미처 몰랐다. 현재 필사에 관한 글을 쓰기 위해 사례들을 찾으면서 알게 되었다.

나애정 작가의 《내 인생 첫 책 쓰기 비법은 필사이다》를 읽었다. '필사'라는 제목이 눈에 들어왔기 때문이다. 알라딘에서 바로 구매해서 읽었다. 나에겐 고마운 책이다. 나애정 작가가 궁금해졌다. 나는 새로운 책을 읽고 좋으면 그 작가의 다른 책들도 검색해서 읽는 편이다. 나애정 작가의 다른 책들도 사서 읽게 되었다. 인스타그램도 팔로워하기 시작하였다. 댓글은 남기지 않아도 '좋아요'는 항상 누르며 소위 인친으로 자리 잡았다. 나도 작가를 알고 있다는 뿌듯함도 있었다. 인스타그램에 〈책쓰고 성장하고 원하는 삶 살기〉이란 주제로 온라인상의 모임을 운영한다는 글이 올라왔다. 용기를 내어 댓글을 남겼다. 단톡방으로 초대도 되었다. 내가 좋아하고 관심가지고 있는 작가라 블로그도 찾아 들어가 보았다. 전화번호가 남겨져 있었다. 전화번호를 저장하고 작가와 통화를 시도하였다. 너무나 친절하게 전화를 받아 주셨다. 그때 당시만 해도 전자책을 쓰기 위해 한 줄도 못 쓰고 씨름하고 있을 때였다. 많은 시간을 할애해 조언해 주셨다. 용기를 내어 통화한 보람이 있었다.

〈책 쓰고 성장하고 원하는 삶 살기〉을 줄여서 〈책성원〉이라고 부르는데, 그 모임을 통하여 공저 쓰기를 할 수 있는 기회가 주어졌다. 30일 동안 하루도 빠지지 않고 필사하고 연서를 다는 사람과 공저 쓰기를 한다고 했다. 나는 이 기회를 놓치고 싶지 않았다. 하루에 한 꼭지씩 필사를 시작했다. 필사를 시작하면서 예비 작가들과 함께 시작했다. 나애정 작가의 응원을 받으며 필사했다. 이때까지도 필사의 중요성만 알고 있었다. 필사가 나에게 얼마만큼의 큰 도움을 줄지는 별 감흥이 없었다. 무작정 공저 쓰기에 참여하고 싶었다. 종이책을 쓰고 싶은 마음이 더 컸기에 무조건 따라가기로 한 것이었다.

나도 필사하고 나서야 알게 되었다. 필사를 왜 이렇게까지 강조하는지 알 수 있었다. 공저 쓰기 키워드도 '필사'로 정했는지도 알 수 있었다. 일단 써 보라. 필사로 인하여 책 쓰기가 훨씬 수월해진다는 것을 금방 알게 된다. 글 쓰는 것이 훨씬 편안해진다. 그리고 이렇게 긴 글쓰기도 자연스럽게 된다. 나도 내가 긴 글쓰기를 하는 모습에 깜짝 놀랐다. 여러분도 필사를 한다면 나처럼 놀라는 날이 곧 올 것이다.

나는 쓰면서 배웠다. 전자책 쓰기의 힘은 필사였다. 다양한 지식을 알고만 있으면 아무런 소용이 없다. 책 쓰기를 하면서 배우고 있다. 전자책을 쓰기 시작하면서 긴 글을 쓸 수 있게 되었다. 무엇보다 남들이 읽어도 상관없는 내 글을 술술 풀어가게 되었다. 이제는 부끄러워하지도 않게 되었다. 내 어린 시절의 추억들이, 나의 지나온 삶이 한올 한올 소중한 사례가 된다는 것을 알게 되었다. 독자들에게 진솔하게 다가가기 위해서는 지금 내가 살아내고 있는 이 삶이 너무나 소중하다는 것도 알게 되었다.

필사하면서 서론-본론-결론 쓰는 법이 눈에 들어왔다. 사례와 메시지를 섞어 쓰는 것도 눈에 들어왔다. 이 사례로 어떤 메시지를 전하려고 하는지도 필사를 하면서 보이게 되었다. 필사하다 보면 이전에 보지 못한 많은 것들이 눈에 들어오게 된다. 이상하게 보이지 않던 것들이 보이게 된다. 여러분도 내가 이렇게 책을 쓰게 된 것처럼 필사를 통해 내 이름으로 된 책 쓰기에 도전해 보기를 바란다. 분명 알게 된다. 필사가 많은 도움이 된다는 것을.

읽지만 말고 베껴 써라

《웰씽킹》을 쓴 켈리 최 회장님을 오래도록 팔로우하고 있다. 첫 책인 《파리에서 도시락을 여자》를 유튜브에서 추천받으면서 알게 된 저자이자 성공한 사업가이다. 이분은 현재 유럽에서 큰 성공을 이루었다. 코로나19가 시작될 무렵 엄마의 소원을 들어드리기 위해 한국에 왔다. 그때부터 인스타그램을 시작하셨다. 나도 팔로우를 하며 소식을 전해 듣고 있었다. 끈기 프로젝트를 시작한다고 했다. 끈기 프로젝트-독서편을 하면서 나는 책 쓰기가 꿈이 되었다. 100일이 가까워져 오면서 하루에 한 권 책 읽기가 가능해졌다. 인스타그램에 인증으로 글을 올리기 시작한 것이 초서였다. 그때는 이것이 초서라는 것인 줄도 모르고 책에서 본대로, 시키는 대로 한 것이 지금 와서 보니 초서였다.

책을 읽다가 나에게 감명이 되거나 공감이 되는 부분에 밑줄을 그었다. 밑줄을 긋고 그래도 오래 기억하고 싶은 문장을 만나면 모퉁이를 접어 두었다. 그리고 나서 노트에 밑줄 그은 부분을 필사하기 시작했다. 필사할 때는 페이지도 함께 적었다. 이렇게 읽기만 할 때와는 확실히 달랐다. 오래 기억에 남았다. 노트가 한 권 두 권 모이니 뿌듯하기도 했다. 책 읽기는 생각을 자극하지만 필사는 생각을 정리하도록 해주었다. 노트가 쌓여간다는 것은 생각이 쌓여가고 있다는 것이었다. 책 쓰기를 하면서 참고하기 위해 노트를 꺼내 보게도 된다.

초서를 하면 좋은 점이 많다. 손으로 쓰면 뇌에 오래도록 기억된다. '손은 바깥으로 드러난 또 하나의 두뇌'라는 말이 있다. 손을 움직이면 뇌가 활발하게 움직이게 된다. 나는 아이들이 어릴 때부터 손으로 하는 활동을 많이 하도록 했었다. 큰아이가 실수로 우유를 쏟은 적이 있다. 나는 야단 치기보다는 그 상황에서 다른 방법을 찾아보기로 했다. 이미 엎질러진 우유였다. 그렇다면 그 우유로 마음껏 놀이하도록 유도했다. 마침 더운 여름이기도 했다. 손에 감각을 느껴보게 했다. 온통 하얗게 변한 손으로 이리저리 마음대로 하게 했다. 마음대로 그림도 그려보았다. 처음에는 손으로만 만지던 우유를 온몸으로 바닥에서 수영을 하기에 이르렀다. 그렇게 신나게 한바탕 놀고는 샤워를 시켰다. 물론 청소는 내 몫이었다. 그래도 아이들이 행복해하는 모습을 보며 나도 뿌듯하고 기분이 좋았다. 첫째는 어려서부터 말도 또래 아이들보다 빨랐다. 머리가 좋고 성격도 좋아 항상 어디를 가도 인기가 많았다. 소위 '엄친아'였다. 이 모든 게 손으로 하는 활동들을 많이 하도록 유도하였기 때문이란 생각이 든다.

손을 사용해서 하는 독서인 초서 독서법은 뇌 운동을 활발하게 한다. 초서를 하다 보면 생각이 날카로워지고, 생각이 깊어진다. 쓰다 보면 내 것이 된다. 단순히 글자를 읽는 것과 제대로 독서하는 것은 다르다. 눈으로만 하는 책 읽기는 90% 이상 금방 잊어버린다. 반면 손을 사용하는 책 읽기는 그나마 오래도록 기억에 남는다. 시간이 지나도 흔적들이 속속들이 남아 있다. 앞에서 언급하였지만 내가 전자책을 빠른 시간 안에 쓸 수 있었던 저력들이 이런 초서도 한 몫 했다.

나는 아들만 둘 키운 엄마다. 27개월 터울로 연년생이나 마찬가지이다. 아들 둘 키우면서 잠 한번 푹 자는 게 소원이었다. 아이들은 활동량과 호기심이 유달리 많았다. 잠시 한눈파는 사이에 잃어버린 적도 몇 번 있었다. 신랑과 나뿐만 아니라 주위에 있는 사람들도 온 동네를 찾아다닌 기억이 새록새록 하다. 한번은 먼 다른 지역에 갔었다. 마트에서 계산하는 사이에 아이가 없어진 것이다. 몇 번 잃어버린 경험이 있으니 쏜살같이 금방 찾게 됐다. 운동장에 가면 단연 아들 녀석이 활보하고 다니는 모습이 독보적이었다. 아들 둘 덕분에 나는 항상 마른 체형이었다. 이렇게 정신없이 아들 둘 키우면서도 틈틈이 책을 읽었다. 유일하게 쉬는 시간이 아이들 낮잠 자는 시간이었다. 낮에 활동량이 많다 보니 저녁에는 남들보다 일찍 잠들었다. 나에게는 그 시간이 책 읽는 시간이었다. 너무나 달콤한 시간이었다. 소중한 시간에 책을 읽어서인지 그 시간에 읽는 책은 나에게 더 다가왔다. 육아로 지친 나에게 힘이 되어 주었다.

이때만 해도 책 읽는 것이 마냥 좋고 행복했었다. 책을 읽을 수 있다는 것만으로 다행이었다. 책이 한 권 한 권 쌓이는 게 뿌듯하고 기분 좋았다. 은근히 자신감도 생겼다. 나는 정독 스타일이다. 한 권을 읽으면 끝까지 완독해서 읽었다. 틈틈이 읽는 책이라 다양하게 많은 책을 읽지는 못했다. 육아로 지친 나에게 힘이 되고 위로가 되는 것만으로 만족했다. 소위 '책만 읽는 바보'였던 시기였다.

소설가 조정래는 '소설을 베껴 쓰는 것은 백 번 읽는 것보다 나은 일이다'라고 했다. 소설가 김영하는 '필사는 느리게 읽기'라고 말한다. 그는 김승옥의 단편 《무진기행》을 필사하면서 그것이 굉장히 수학적인 소설이며 문단을 나누면 기승전결의 길이가 똑같다는 사실을 깨달았다고 했다. 이렇게 필사하면서 문장과 문장의 구조뿐 아니라 그냥 읽었을 때는 스쳐 지나갔을 내용을 깊이 알게 되었다고 한다. 《하루 한 페이지, 나를 사랑하게 되는 독서의 힘》

본격적으로 책을 읽기 시작하면서 많은 것이 변했다. 우선 책 읽기가 책 쓰기로 바뀌었다. 책 쓰기를 하려고 보니 필사가 있었다. 필사의 필요성을 책을 통하여 알게 되었다. 《유시민의 글쓰기 특강》을 읽으면서 필사에 대해 처음 알게 되었다. '거인의 어깨에 올라 서라'는 말이 지금도 생각난다. 따라 쓰고, 베껴 써도 된다는 것을 그때 알았다. 물론 출처는 밝혀야 한다고 했다. 필사에 대해 관심을 가지기 시작했다. 필사가 좋은 것이라는 것을 여러 작가가 말하고 있었다. 나는 용기가 생겼다. 저렇게 저명한 분들도 필사를 하면서 배웠다고 하니 위안이 되었다. 필사에 관련된 책들도 찾아서 읽기 시작했다. 그때 만난 책이 《내 인생 첫 책 쓰기 비법은 필사이다》였다.

나는 필사를 부정적으로 생각했었다. 남의 글을 베껴 쓰는 것은 잘못된 행동이라 착각하고 있었다. 논문 표절 논란으로 유명한 정치인이 사회적으로 비판받는 모습을 보기도 했다. 음악도 비슷한 곡을 만들면 표절 논란에 휩쓸리는 모습을 대중매체를 통해 심심찮게 보아 왔다. 그러기에 필사는 나쁜 것이라는 인식이 많았다. 지금은 생각이 달라졌다. 필사하면서 부정적인 생각들이 사라졌다. 내 글쓰기가 어려울 때 가장 쉽게 할 수 있는 일이 필사였다. 오늘 아침에도 잠이 덜 깬 상태에서 필사부터 시작했다. 맑아진 정신으로 이렇게 글을 쓰고 있다. 필사하면서 알게 되었다. 그 필사가 지금의 내가 긴 글을 쓸 수 있도록 만들어주었다.

이젠 읽기만 하지 말고 베껴 쓰기부터 해보라고 권하고 싶다. 초서가 되었든 아니면 책 한 권 필사를 하든 일단 써 보기로 하자. 내가 이렇게 긴 글을 쓸 수 있었던 것은 필사의 힘이다. 필사로 생각들을 정리해 보기 바란다. 내 책 쓰기가 부담스럽다면 필사로 책 한 권 써보자. 어떤 책이라도 좋다. 여러분이 좋아하고 관심 가는 분야의 책을 선택하라. 그리고 매일 한 꼭지씩 써보자. 나처럼 여러분도 필사라는 좋은 도구를 이용하여 책 쓰기가 가능해진다. 필사로 책 쓰기에 도전해 보기를 권한다.

베껴 쓰면 스며든다

'스며든다'에 대한 정확한 의미를 알고 싶었다. 네이버 검색 창에 '스며든다'를 쳤다. '스며들다'가 나온다. 동사로 '속으로 배어들다'. '마음 깊이 느껴지다'로 나온다. 연관 검색어에 신간 소개가 나와 눈길을 끌었다. '매력, 스며든다'이다. '1부 몸짓에 매력이 스며든다, 2부 말에 매력이 스며든다, 3부 관계에 매력이 스며든다' 전체적인 목차만 쭉 훑어보았다. '몸짓', '말' 그리고 '관계' 이 세 가지의 키워드에 매력이 스며든다는 것을 소개하고 있다. '매력도 스며든다'라는 것이다. 화선지에 먹물을 한 방울 떨어뜨리면 서서히 검게 변한다. 하얀 화선지에 검은 먹물이 스며든다. '스며든다'는 것은 이렇듯 갑자기 변화가 일어나는 것이 아니라 서서히 자연스럽게 묻어난다는 것이다.

이처럼 필사도 하다 보면 내 몸이 글 쓰는 몸이 되어 간다. 남의 글을 베껴 쓰는 이 단순한 행위가 하루하루 모여 내 글에 스며든다. 남의 글을 베껴 쓰는 단순한 행위가 자연스럽게 내 몸이 글을 쓰는 몸이 되어 가는 것이다. 새벽에 일어나서 자연스럽게 노트북을 켜고 필사하고 있다. 필사로 불쑥불쑥 들어오는 부정적인 생각을 털어버린다. 내 몸이 글을 쓰는 몸으로 장착되게 하고 있다. 글이 써지지 않을 때도 필사부터 한다. 사례 찾기를 하기 위해서라도 자연스럽게 필사를 하게 된다.

내가 초등학생 때 교과서에 《큰 바위 얼굴》이라는 단편소설이 실렸었다. 이 단편소설이 아직도 기억에 남아 있는 걸 보면 꽤 인상이 깊었다. 어린 나이에 작가가 전하려는 내용을 그때 당시에는 다 이해하지 못했다. 세월이 흐르고 나이를 먹어가면서 이 소설에서 작가가 전하려고 했던 내용을 차츰차츰 이해해 가고 있다. 지금 생각해 보면 많은 울림을 주는 소설이다.

이 단편소설의 주인공인 어니스트는 어려서부터 큰 바위 얼굴을 보며 자랐다. 어머니와 단둘이 살면서 어머니로부터 큰 바위 얼굴에 관한 이야기를 들으며 자랐다. 매일 큰 바위 얼굴을 보며 자랐다. 시골 마을을 떠나지 않고 살았다. 큰 바위 얼굴을 닮은 사람이 나타날 것을 기대하고 기다리며 살았다. 결국 주인공인 어니스트가 어느 순간 큰 바위 얼굴을 닮아 있었다는 이야기이다. 결국 닮고 싶은 사람을 바라보며 살아왔기에 스며든 것이다. 닮는다는 것은 스며든다는 것이다. 생각이 스며든 것이다. 말이 스며든 것이다. 행동도 스며들은 것이다. 심지어 웃는 모습, 걸음 걸이, 제스처까지도 스며 든 것이다. 스며 드니 서로 닮게 된 것이다.

이처럼 필사도 날마다 하다 보면 스며든다. 글을 쓰고 있는 내 모습도 자연스럽게 스며든다. 책을 펼치고, 타이핑하는 모습도 스며든다. 어색하던 모습은 사라진다. 자연스럽게 필사하며 스며들게 된다. 글을 쓰고 있는 내 모습이 자연스러워진다. 날마다 필사하다 보면 서서히 내 몸이 글을 쓰는 몸으로 스며들게 된다.

내가 좋아하는 작가의 모습이 나에게 스며들게 된다. 내가 좋아하는 작가를 찾아 나선다. 팔로우도 하고 그의 삶을 흉내 내 보기도 한다. 흉내 내는 모습이 스며들도록 한다. 그의 모습을 보고, 그가 글을 쓰고 있는 모습을 상상하며 글을 쓴다. 그의 생각을 따라가며 필사한다. 작가의 모습이 내 글에 스며들게 된다. 작가의 생각이 내 글에 스며들게 된다. 작가의 문체가 내 글에 스며들게 된다.

20대 초반에 유치원 교사로 근무했다. 갓 사회생활을 시작한 때였다. 그때 당시만 해도 꽤 유명하고 인기 있는 유치원이었다. 지금은 아빠들이 어린이집이나 유치원에 가는 것이 흔한 일이다. 하지만 그때 당시만 해도 아빠들을 볼 일이 많지 않았다. 간간이 아빠들이 등원이나 하원을 시키는 모습을 보게 된다. 엄마들이 대부분이기에 아빠들이 오면 눈에 띄었다. 유치원 교사들끼리도 그날 다녀간 원아 아빠 이야기로 이야기꽃을 피우곤 했었다. 대부분 교사가 20대 초,중반이었기에 이성에 관심이 많을 때였다. 당시 내게 인상깊게 남았던 것이 있다. 원아 아빠를 보면 원아 엄마가 누구인지 알 수 있었다. 어린 나이에 비친 내 눈에도 부부가 닮아 있었다. 마냥 신기했었다.

나랑 신랑도 닮았다는 소리를 많이 듣는다. 얼굴이나 풍기는 이미지가 닮았다는 말일 것이다. 신랑과 닮았다고 하면 별로 기분이 좋지는 않다. 하지만 같이 살아온 세월이 25년이 넘어가고 있다. 나는 경남 고성 바닷가에서 태어났다. 떡국에 굴을 넣어서 먹었다. 크리스마스가 되면 교회에서 굴을 넣은 떡국을 끓여서 먹었다. 그래서 결혼을 하고 나서도 굴 떡국이 그립고 먹고 싶었다. 설명절이면 시댁에서는 떡국을 먹는다. 시댁에서는 소고기를 넣고 떡국을 끓였다. 처음에는 신랑이 굴 떡국을 싫어했다. 어느 해부터인지 소고기 떡국보다 굴을 넣은 떡국을 먹고 싶어했다. 신랑이 굴 떡국을 좋아하게 되었다. 오히려 나는 계속 소고기를 넣은 떡국을 먹어와서인지 이제는 굴 떡국에 대해 별 감흥이 없다. 가끔 한 번 별미로 넣어 먹는 정도이다. 이제는 소고기를 넣은 떡국에 길들여져 오히려 나는 소고기 떡국이 더 좋다. 이렇듯 식성도 닮는다. 우리 부부는 어느새 살아온 세월로 인해 서로 닮아 있었다. 같이 살아오며 서로에게 스며든 것일 것이다.

필사를 하면 스며든다. 나는 내가 좋아하는 작가의 문체를 닮고 싶어 필사를 시작했다. 책 한 권을 필사하며 자연스럽게 문체를 따라 하게 되었다. 억지로 꾸미는 것이 아닌 그냥 자연스럽게 내 글에서 내가 필사한 작가의 생각과 글, 문체들이 묻어나게 된다. 쓰면 마음속에 깊이 스며든다. 저자의 생각이 나에게 스며든다. 저자의 글이 나에게 스며든다. 필사하고 있는 저자의 필체가 나에게 스며든다. 저자의 경험이 내 경험으로 스며든다. 저자의 삶이 내 삶에 스며든다. 저자의 사례가 내 글의 간접 사례로 다가온다. 결국 내 글에 스며든 것이다. 내 글에 스며든 모습을 보면 더 좋은 글을 필사해야겠다는 다짐도 하게 된다. 왜 '필사'를 검색했을 때 많은 좋은 책들을 필사하고 있는지 조금은 알 것 같다. 나도 더 좋은 책으로 필사해야겠다는 생각이 든다. 필사에 대한 다양한 관점과 생각들을 정리하며 또 다른 필사책 선정을 위해서도 심사숙고해야겠다. 스며 든다는 것! 누군가를 닮아 가는 일이다. 내가 닮고 싶은 작가의 책을 필사해 보자.

지금은 누구나 책을 쓰는 시대이다. 자신을 브랜딩하는 시대이다. 책 쓰기로 자신을 브랜딩하려고 한다면 일단 필사부터 시작하라. 생각 없이 시작한 필사가 내 몸이 자연스럽게 글 쓰는 몸으로 스며 들게 만든다. 여러분이 좋아하는 작가가 있다면 그 분의 책을 선정하여 책 한 권 필사해 보라. 손으로 하는 필사가 부담스럽고 힘들게 느껴진다면 타이핑하면서 한번 필사해 보기를 권한다. 부담도 줄고 쉽게 필사에 접근할 수 있다. 어느 작가님은 타이핑하는 것보다 직접 손으로 글을 쓰는 것이 더 빨라 손 글씨로 필사한다고 했다. 처음에는 타이핑하는 속도가 느릴 수도 있다. 그래도 계속하다 보면 속도도 빨라진다. 자판 두드리는 소리도 기분 좋게 들린다. 나도 처음 시작할 때보다 훨씬 속도가 빨라졌다. 무엇이든 첫 시작이 어려운 것이다. 하다 보면 는다. 필사를 시작하여 여러분의 책 쓰기를 도전하기 바란다.

모방에서 창작으로 옮겨간다

2022년 베이징 동계 올림픽이 진행되고 있다. 심판들의 잇따른 오심으로 인해 스포츠정신이 점점 희미해져 가고 있다. 우리나라는 쇼트트랙에 있어서는 강국이다. 쇼트트랙 1000m에서 완벽한 경기를 보여준 황대헌 선수에게 페널티를 적용해 탈락시켰다. 또한 결승전에서 가장 먼저 도착한 헝가리 선수에게 반칙을 적용해 실격시키기도 했다. 누가 보아도 중국 선수가 더 반칙을 쓴 상황이었지만 중국 선수가 결국 금메달을 가져갔다. 심판들의 잇따른 오심으로 베이징 올림픽에 우리 국민들은 실망을 넘어 분개하고 있었다. 많은 유명 스포츠 스타들과 연예인들이 SNS를 통해 유감의 글들을 올렸다. 많은 논란 가운데 쇼트트랙 1500m가 시작됐다. 1500m에서 완벽한 실력으로 황대헌 선수가 금메달을 목에 걸었다. 그래서 더 통쾌했다. 너무나 멋진 경기에 많은 박수를 받았다. 전 세계에서 찬사를 보내왔다. 그러면서 은메달을 딴 캐나다의 스티븐 뒤부아 선수에게도 관심이 갔다. 나는 요즘 필사에 대한 글을 쓰고 있기에 스티븐 뒤부아 선수의 인터뷰 내용에 관심이 갔다. "황대헌선수만 따라갔더니 내가 할 수 있는 최고의 자리에 올랐다"라고 소감을 밝혔다. 결국 황대헌 선수만 부지런히 쫓아갔더니 은메달이라는 값진 성과를 냈다는 것이다.

필사도 이런 일일 것이다. 누군가를 열심히 따라가다 보면 내가 예상치도 못한 큰 성과를 거두게 된다. 스티븐 뒤부아도 자기가 가진 최고의 성과를 얻었다고 했다. 자신의 최고 성적을 낸 것이다. 세계 최고의 선수를 따라갔을 뿐이다. 이처럼 필사도 마찬가지이다. 누군가가 쓴 글을 열심히 따라 써 보라. 스티븐 뒤부아 선수가 황대헌 선수를 열심히 따라갔더니 은메달을 땄듯이 필사하다 보면 어느 날 내 글을 쓰고 있는 나를 보게될 것이다. 내 글이 써지는 날이 곧 올 것이다. 이 필사로 인하여 나도 긴 글쓰기가 가능하게 되었다. 책 쓰기에 도전하게 되었다.

〈차트를 달리는 남자〉 라는 TV 프로그램을 보게 되었다. 그날 주제가 '인생은 한방 인생 역전한 사람들'이었다. 3위를 차지한 대퍼 댄의 관한 이야기이다. '할렘의 짝퉁 왕에서 유명 디자이너가 된 남성'으로 나온다.

대퍼 댄은 맨해튼 할렘의 가난한 흑인 가정에서 태어났다. 그는 우연한 기회에 할렘에서 맞춤형 양복점을 하게 되었다. 〈대퍼 댄의 부티그〉라는 이름으로 가게를 열었다. 래퍼 등 흑인 아티스트와 갱스터를 주요

고객으로 하여 옷을 만들어 팔았다. 할렘가 패션을 모티브로 한 의상에 구찌등 명품 브랜드의 짝퉁 로고를 다는게 그의 트레이드 마크였다. 할렘가의 여성들이 짝퉁 명품 가방을 놓고 싸우는 모습을 보고 만들기 시작했다고 한다. 대퍼 댄의 옷은 할렘을 중심으로 인기를 얻으며 급속 성장했다. 많은 유명 가수들이 그의 옷을 입고 무대에 섰다. 많은 인기로 인하여 구찌등 명품 브랜드가 저작권 위반으로 소송을 제기했다. 이로 인하여 가게는 문을 닫게 되었다. 하지만 대퍼 댄은 자기의 집 모퉁이에 작업장을 만들어 옷을 다시 만들기 시작했다. 2017년 자사의 로고를 사용했다고 소송을 걸었던 구찌가 대퍼 댄의 디자인을 도용하는 일이 발생했다. 이 일로 패션계에는 대퍼 댄의 이름이 더 유명해졌다. 구찌에서는 화해의 의미로 대퍼 댄에게 협업을 제안했다. '구찌-대퍼 댄 컬렉션'이란 이름으로 옷을 출시하게 된다. 이름 그대로 〈할렘의 짝퉁 왕에서 구찌의 디자이너〉가 된 것이다.

대퍼 댄도 처음부터 구찌의 디자이너가 꿈은 아니었다. 그냥 짝퉁을 만들어서 팔기 시작한 것이 다였다. 명품을 살 엄두도 못 내어서 그냥 명품 흉내를 내었던 것이다. 명품 브랜드를 따라 했던 것이 그의 일이었다. 명품을 모방하면서 자신의 생각을 가미하여 창작을 했다. 그러나 나중에는 그 창작물을 오히려 구찌가 보고 모방하게끔 만들었다.

배우는 것은 모방이다. 모방의 과정이 있어야 창작이 있다. 처음 시작은 모방에서 출발한다. 필사도 모방이다. 단순히 텍스트의 글을 옮겨 적는 행위이지만 이 모방이 창작으로 나아가게 만든다. 단순히 필사하는 작가의 글을 베껴 쓰는 행위가 내 글을 쓰도록 이끈다. 대퍼 댄이 모방을 하면서 성장해 갔듯이 필사라는 모방을 통하여 책 쓰기를 할 수 있도록 이끌 것이다.

'유능한 예술가는 모방하고 위대한 예술가는 훔친다'
피카소의 유명한 말이다. 피카소는 미술 교사의 아들로 태어났다. 그의 아버지는 피카소에게서 그림에 재능이 있는 것을 알게 되었다. 그의 아버지는 미술 교사를 그만두고 아들의 교육에 전념했다. 피카소는 학교에서 교사들보다 유능하였기에 학교생활에 적응하지 못했다. 결국 학교에 가지 않고 방황했다. 우연히 시내를 떠돌다 미술관에서 '벨라스케스'의 그림을 접하게 된다. 그는 매일 미술관에서 '벨라스케스'와 선배 화가들의 그림을 따라 그리며 실력을 키워 나갔다. 피카소는 20대 초반에 단순 모방에서 자신만의 독특한 스타일을 만들어 갔다. 선배 화가들의 수많은 작품을 모방하면서 자신만의 색깔을 만들어 갔다. 그림에 문외한인 나도 피카소의 그림은 알고 있다. 그의 작품을 보면 피카소가 그린 그림이라는 것을 쉽게 알 수 있다.

"나 자신을 베낄 바에야 차라리 다른 사람을 모방하겠다. 그러면 적어도 새로운 면을 추가할 수는 있을 테니 말이다. 난 새로운 걸 발견하기를 좋아한다. 화가란 다른 사람의 소장품에서 본 그림을 그려서 자신의 소장품으로 만들고 싶은 수집가가 아니겠는가. 시작은 이렇게 하더라도 여기서 색다른 작품이 나오는 것이다."라고 말했다. 피카소는 70세가 넘어서도 모방의 달인이었다. 모방을 통하여 재해석하여 창조로 이어갔다. 처음부터 창조를 위해 모방을 하였다는 말이 맞는 말이다.

모방은 자연스럽게 개선으로 이어진다. 아이디어는 백지에서는 나오지 않는다. 피카소가 남의 작품을 모방함으로 새로운 아이디어가 탄생했다. 즉, 창작으로 이어진 것이다. 따라 하다 보면 생각이 난다. 새로운 아이디어가 떠오른다. 필사도 하다 보면 생각이 난다. 필사를 하면서 사례를 찾아나가게 된다. 나의 메시지를 어떻게 풀어나가야 할 지도 알게 된다. 필사를 하면서 다른 작가의 표현을 보면서 흉내내어 보게도 된다. 이런 흉내들이 모여 내 글이 된다.

모방에서 창작으로 옮겨간다. 보잘것없고 하찮아 보이는 이 필사가 내 글을 쓰도록 이끌어 왔다. 대퍼 댄도 처음부터 유명한 디자이너가 꿈은 아니었다. 단지 명품을 따라 하다 보니 명품 브랜드에서도 스카웃 됐다. 명품보다 더 멋진 옷을 디자인하게 됐다. 피카소도 자신의 재능만 믿고 있었다면 오늘에 이르지 못했다. 그는 선배 화가들의 그림을 수없이 따라 그리면서 자신의 실력이 몰라볼 정도로 향상됐다. 명품이든 그림이든 모방에서 창작으로 이어진다. 모든 창작은 모방에서 시작한다. 필사도 마찬가지이다. 필사라는 모방에서 시작하여 내 글이라는 창작으로 이어진다. 이처럼 남의 글을 베껴 쓰면서 자연스럽게 내 글이 써지는 것이다. 베껴 쓰기를 멈추지 마라. 이 베껴 쓰기가 내 글을 쓰도록 만들 것이다. 남의 글 베껴 쓰기에서 내 글이 쓰고 싶어지게 될 것이다.

30일 필사가 바꾼 기적

새벽 4시가 되면 알람이 울린다. 생각지도 않게 몸을 쓰는 일을 시작하게 되었다. 몸을 쓰는 일을 하게 되니 다른 사람보다 훨씬 피곤하게 느껴진다. 피곤한 날이면 일어나기 힘들 때도 더러 있다. 늦어도 4시 10분에는 일어난다. 옆에 자고 있던 강아지도 일어나서 자세를 가다듬고 다시 누워 잔다. 노트북을 켠다. 그러고 나서 화장실을 다녀온다. 미지근한 물을 한잔 마시고는 정신을 차린다. 비몽사몽 아직 잠이 덜 깬 상황이다. 잠은 덜 깼지만 책을 펼친다. 그냥 하는 습관대로 필사를 시작한다. 타이핑을 시작하다 보면 잠이 깬다. 이것이 아침 하루의 시작이다. 모든 일을 하기 전에 필사부터 하고 시작한다.

《내 인생 첫 책 쓰기 비법은 필사이다》를 가지고 본격적으로 필사를 시작했다. 매일 한 꼭지씩 써나갔다. 나는 이미 전자책을 출간했다. 전자책은 이렇게까지 긴 글은 아니었다. '필사를 한다고 긴 글을 쓸 수 있을까' 하는 생각이 들기도 했다. 나는 원래 남의 이야기를 잘 듣는 편이다. 어떤 모임에서도 내 말을 하기보다 남의 이야기를 듣는 것이 더 편한 사람이다. 그래서 내 메시지를 쓴다는 것이 많이 부담스러웠다. 필사를 시작하고도 의문이 많았다. 내 메시지를 적는 것이 어렵게 생각되었다. 《내 인생 첫 책 쓰기 비법은 필사이다》를 한 권 다 쓰고도 내 글쓰기에 의문이 있었다. 두 번째 책으로 넘어갔다. 그렇게 세 번째 책으로 넘어갔다. 필사책이 하루하루 쌓이다 보니 권수가 늘어갔다. 서론-본론-결론이 눈에 들어오고 사례와 메시지가 눈에 들어왔다. 하지만 실제 내 글을 쓰기 전까지 나는 의문이 있었다. 쓰기 시작하니 내 글을 쓸 수 있는 감이 왔다. 사례와 함께 메시지를 쓰고 있는 나를 보게 되었다. 이렇게 내 글쓰기가 시작된 것이다.

"C.S 루이스의 회고록 《예기치 못한 기쁨》에서 밝힌 이상적 일과는 오후에 하는 식사나 산책, 차 마시는 시간을 제외하고는 오전 9시부터 1시까지 그리고 다시 오후 5시부터 7시까지 책을 읽고 글을 쓰는 것이다."

C.S 루이스는 《나니아 연대기》로 유명한 작가이다. 20세기 영국 문학의 대표작가이자 영문학자이다. 1930년대와 40년대 옥스퍼드 영문학과에서 가장 존경받는 선생님 중의 한 분이었다. C.S 루이스의 삶을 들여다본다. 내가 꿈꾸는 삶도 이런 삶이다. C.S 루이스는 책을 읽고 글을 쓰는 삶을 살았다고 회고록에 기록하고 있다. 밥을 먹거나 산책, 차 마시

는 시간을 제외하고는 오로지 책 읽기와 책 쓰기에 전념했다고 한다. 나는 여기에 하나 더 추가하고 싶다. 새벽 시간에 일어나 글을 쓰고 필사하는 삶이다. "필사는 지구에서 사라진 대가에게 일대일 레슨을 받는 것과 같다."고 누군가 말했다. 필사를 본격적으로 하고부터 필사의 좋은 점들이 많이 드러났다. 편하고 좋았다. 내 글에 대한 부담이 없었다. 부담 없이 글을 쓰다 보니 내 글이 한결 편안했다. 나는 앞으로 이 공저 쓰기가 끝나더라도 필사는 계속해 나갈 생각이다. 지금 필사하고 있는 책이 있다. 김시현의 《필사 쓰는 대로 인생이 된다》이다. 공저 쓰기로 인해 필사에 관한 책들을 찾아보기 시작했다. 한 권 두 권 책들이 늘어갔다. 새로 필사할 책이 필요했다. 인터넷 검색창에 '필사'를 쳐 보기도 했다. 인터넷 서점에 가서도 '필사'를 검색해 보았다. '필사'에 관련된 책들을 검색하니 많은 책들이 나왔다. 마음챙김, 영어필사, 성경필사, 논어필사등 실제 필사할 수 있는 책들이 나왔다. 문장을 그대로 따라 쓰도록 만든 필사책들이었다. 필사에 관한 책들은 의외로 적었다. 그래서 집어든 책이 《필사 쓰는 대로 인생이 된다》였다. 아무 생각 없이 필사를 시작한다. 하지만 필사하다 보면 내 생각들이 생긴다. 필사하다 보면 내 생각들이 정리가 된다.

필사로 나의 하루가 시작이 된다. 많은 책에서 필사의 중요성을 이야기했다. 시키는 대로 따라 필사를 했다. 필사가 이렇게 나를 안정감 있게 해줄지는 미처 몰랐다. 필사라는 든든한 무기가 생긴 것이다. 내 몸이 일단 글을 써야겠다고 먼저 반응을 한다. 글이 써지든 써지지 않든 일단 필사부터 한다. 안정된 마음속에 고요하게 생각들이 떠오른다. 그 떠오르는 생각들을 다잡아 글을 쓰게 만든다.

내 나이가 올해로 딱 반백 살이 된다. 반백 살, 반백 살 하던 말을 지금은 몸소 실감하고 있다. 작년에 건강검진 결과에서 좋지 못한 결과가 나왔다. 자궁에 이상이 있다는 소견이었다. 자궁경부 이형성 2단계로 나왔다. 처음 검진을 받은 병원에서는 시술을 하자는 진단을 받았다. 하지만 몇 군데 더 병원을 찾아갔다. 시술을 꼭 권하는 것은 아니지만 자주 병원에 내원하여 몸 상태를 지켜보자는 곳도 있었다. 다른 곳에서는 자궁경부암 백신을 권했다. 그래서 나는 백신을 맞는 것으로 택했다. 나는 성인이 된 두 아들이 있다. 이 두 명 모두 사춘기를 크게 겪지 않고 조용히 지나갔다. 두 아들과 큰 갈등 없이 지나왔다. 사춘기 자녀와 갱년기 엄마가 만나면 갱년기 엄마를 못 이긴다는 말을 들었었다. 나는 남의 이야기라 생각했다. 하지만 지금은 다르다. 나도 내 감정을 주체하기가 힘이 든다. 아마도 갱년기가 아닌가 싶다.

감정의 기복이 많다. 혼자서 괜스레 눈물을 흘리는 날도 많다. 가족들에게 들키기 싫어서 혼자서 울고 들어오는 날도 많다. 빈둥지 증후군이 생길 나이이다. 정확한 병명은 알 수가 없다. 하지만 분명한 것은 이전과는 다른 내 감정들이다. 그렇다고 이런 내 감정을 가족들에게 여과 없이 보이고 싶지는 않다. 더군다나 남들에게는 더 보이기 싫은 모습이다. 나는 이럴 때 필사를 시작한다. 일단 글을 쓰고 있으면 다른 생각을 차단할 수가 있다. 그리고 저자의 생각을 따라 필사하고 있으므로 다른 생각으로 가는 것을 차단할 수가 있다. 지금은 공저 쓰기를 위해 '필사'와 관련

된 책을 필사하고 있다. 다음 책으로 내 마음을 다스리고 나를 사랑할 수 있는 책을 골라 필사를 해볼까 한다.

몸이 많이 피곤한 날이 있다. 아무것도 생각하기 싫은 날도 있다. 이런 날에도 나는 필사를 한다. 필사하다 보면 생각이 깔끔하게 정리된다. 생각이 다른 곳으로 흘러가지 않아서 좋다. 필사하다 보면 나도 글을 쓸 수 있겠다는 자신감도 생긴다.

필사로 인하여 나는 많은 생활이 바뀌었다. 일단 매일 쓰고 있는 나를 보게 된다. 쓰는 것에 대한 부담이 없다. 필사가 있기 때문이다. 내 생각들도 정리가 된다. 생각도 정리가 필요하다. 엉뚱한 생각들을 차단할 수 있어 좋다. 우울한 내 감정을 객관적으로 들여다볼 수 있게 해준다. 우리의 생각은 오만가지라고 했다. 이 오만가지의 생각들이 흘러들어와도 그냥 흘려보낼 수 있게 해준다. 내 마음의 아픈 생각들도 둥지를 틀지 못하게 한다. 필사하는 책의 저자 생각이 나를 사로잡는다. 저자의 생각들을 따라가게 된다. 그 생각들을 따라가다 보면 어느새 내 글을 쓰고 있는 나를 보게된다. 하루하루 살아내는 것이 기적이라고 누군가 말한 기억이 난다. 살아가는 것이 아닌, 살아내는 것 말이다. 나도 내 글을 쓰고 있다는 것만으로 기적인 셈이다. 필사가 바꾼 기적이다. 여러분도 나처럼 30일 필사의 기적을 느껴보길 권한다.

지금 당장 필사부터 하라

'구슬이 서 말이라도 꿰어야 보배'라는 옛날 속담이 있다. 네이버에서 국어사전을 검색해 보았다. '아무리 훌륭하고 좋은 것이라도 다듬고 정리하여 쓸모 있게 만들어 놓아야 값어치가 있음을 비유한다'고 정의하고 있다. 아무리 좋은 것이라도 쓸모 있게 만들어야 가치가 있다는 말이다. 아무리 좋은 구슬이라도 실로 꿰어서 목걸이와 같은 장신구를 만들지 않으면 그 가치가 드러나지 않는다는 말이다. 재능에 비유하면 아무리 뛰어난 재능이 있더라도 그것을 잘 갈고 닦지 않으면 '흙 속에 묻힌 진주'가 된다는 말이다. 선천적인 재능보다는 후천적인 노력이 더 중요하다는 말이다.

'구슬이 서 말이라도 꿰어야 보배'라는 말을 필사에 적용해 본다. 아무리 글쓰기에 대한 재능이 있다고 하더라고 글쓰기를 하지 않으면 그 가치는 드러나지 않는다. 그래서 무엇보다 글을 써야 한다는 것이다. 지금은 누구나 초보자가 왕 초보자를 가르치는 시대다. 나도 지금 글쓰기의 초보자이다. 글쓰기 초보자가 왕 초보자에게 글을 쓰고 있다. 무작정 글을 써 보라는 것이다. 그 무작정 글쓰기를 시작할 수 있는 힘이 필사라는 것이다. 필사부터 해보라는 말이다. 처음에는 의심이 들기도 한다. 이렇게 필사한다고 해서 내 글을 쓸 수 있을까 하는 생각이 들기도 한다. 그러나 그 의심을 뒤로하고 필사부터 시작하라.

벤저민 프랭클린은 미국 화폐 중에서 가장 가치 있는 100달러짜리 지폐의 주인공이다. 벤저민 프랭클린의 열세 가지 덕목이 더 유명한지도 모른다. 그는 미국의 과학자이자 정치가이다. 〈가난한 리처드의 달력〉을 발행하여 책을 쉽게 접할 수 있도록 대중들에게 유익한 정보를 제공하였다. 그의 책은 자기계발 지침서의 원조로 인정받으며 전 세계에서 읽히고 있다. 벤저민 프랭클린은 학교에 다니지 못하였다. 책을 읽기 위해 인쇄공이 되었다. 인쇄소에서 일하며 얻은 잡지나 책을 읽으며 글쓰기 연습을 하였다고 한다. 잡지에 실린 산문을 요약하여 키워드만 남겼다가 그 키워드로 다시 산문을 쓴 후 원문과 대조하는 일을 되풀이하였다고 한다. 여기에 더하여 산문을 시로 바꿔 써보기도 했단다. 이런 식으로 산문의 구성력을 배우고, 어휘력을 늘려갔다. 이것이 바로 프랭클린만의 필사 방법이었다.

미국 지폐에 나온다는 것은 그만큼 미국에 많은 영향을 끼쳤다는 것이다. 우리나라 지폐에는 신사임당, 세종대왕, 율곡 이이, 퇴계 이황이 나온다. 이런 분들만큼 영향력이 있는 사람으로 보면 된다. 이런 훌륭한 분도 처음에는 필사로 시작했다는 것이다. 처음부터 좋은 글을 썼던 것이 아니다. 좋은 글을 베껴 쓰고 고쳐 쓰면서 좋은 글을 쓰게 된 것이다. 누구나 초보 시절은 있다. 벤저민 프랭클린도 마찬가지다. 갑자기 책 쓰기에 필사가 유행처럼 번져가고 있다. 그만큼 필사의 좋은 점들이 많기 때문일 것이다.

코로나19로 인하여 누구도 예상치 못한 팬데믹을 겪으며 2020년을 시작하였다. 우왕좌왕하는 가운데 인스타그램이라는 SNS를 막 시작하였다. 인스타그램이 낯설고 서툴렀다. 켈리최 회장을 팔로우하며 눈팅만 했었다. 《파리에서 도시락을 파는 여자》의 저자이기도 하다. 그전부터 알고 관심을 가지고 있었다. 인스타그램을 통해 바로바로 책의 저자의 근황을 알 수 있어 신기하기도 하고 더 가깝게 느껴져 좋았다. 매일 피드에 올라오는 글들을 볼 수 있어 더 좋았다. 2020년 4월 1일부터 '끈기 프로젝트'를 하자고 제안을 했다. 나는 시키면 시키는 대로 따라하는 데는 자신이 있었다. '끈기 프로젝트-운동편'을 시작하였다. 100일 동안 하루도 빠지지 않고 운동을 하고 인스타그램 피드에 올리는 것이었다.

나는 숨쉬기 운동 외에는 운동과 거리가 먼 삶을 살았다. 그래서 내가 할 수 있는 운동을 생각했을 때 '걷기'였다. 집 앞 대청천이 있다. 장유로 이사 오고는 '율하천'을 좋아하여 자주 산책했었다. '율하천'은 인공으로 하천을 따라 만든 공원이었다. 거기에 비해 '대청천'은 훨씬 자연적으로 이루어진 하천을 정비한 곳이다. 그래서 훨씬 더 자연스러운 하천이라 더 좋았다. 처음 걷기를 시작할 때는 하루 10분 걷는게 목표였다. 그렇게 하루하루 지나면서 10분이 20분이 되고, 20분이 30분이 되었다. 점차 걷는 시간이 늘어갔다. 걷는 속도도 빨라졌다. 결국 만보까지 걷게 되었다. 하루도 빠지지 않고 걸었다. 늘어난 몸무게도 100일이 가까워 오면서 서서히 빠졌다. 올록볼록 나왔던 뱃살도 서서히 들어갔다.

나는 운동과 거리가 먼 삶을 살아왔다. 하지만 일단 걷기라는 운동을 시작하고부터 내 삶은 달라졌다. 일단은 운동에 관심을 가지게 되었다. 다이어트에도 관심을 가지게 되었다. 식단 조절에도 관심을 가지게 되었다. TV에서 다이어트에 관한 프로그램이나 건강에 관한 정보를 주는 것들에 관심을 가지고 시청하게 되었다. 유튜브에 검색하여 홈트하는 동영상도 따라 배워보기도 하였다. '힙으뜸'의 유튜브를 자주 시청하였다. '땅끄부부'의 동영상도 많이 시청했다. 이렇게 하다 보니 패션에도 관심이 갔다. 요즈음 트랜드인 레깅스도 사서 입게 되었다. 또래 나이에 비해 어리다는 소리를 많이 듣는다. 건강검진에서 혈관나이는 7살이나 어리게 나오기도 했다. 무엇보다 자신감이 생겼다. 건강과 함께 생기를 되찾게 되었다.

이처럼 글쓰기도 마찬가지이다. 일단 글쓰기를 시작부터 해야 한다는 것이다. 아무말 대잔치라도 일단 쓰는 것이 중요하다. 초보들이 매일 글을 쓰기란 힘이 든다. 이때 편하게 할 수 있는 방법이 필사이다. 나는 지금도 매일 필사를 하고 있다. 바쁜 일상과 힘든 일들로 한동안 글쓰기에 소홀했다. 새로운 환경에 적응하기 바빴기에 더욱 글쓰기를 할 여력이 없었다. 나는 한꺼번에 두 가지 일을 하기가 어렵다. 그래서 한동안 글쓰기를 미루고 있었다. 하지만 한가지 빠지지 않고 했던 것은 필사였다. 필사는 그냥 노트북을 켜고 책을 따라 쓰기만 하면 되기에 부담이 없었다. 《꿈꾸는 다락방》 책 한 권 필사가 끝이 났다. 지금은 내가 한동안 좋아했던 '조엘 오스틴' 목사님의 책으로 필사하고 있다. 한때 《긍정의 힘》을 읽고 굉장한 힘을 얻었다. 그 책을 읽고 생각이 많이 변하였다. 책을 많이 읽는 사람이라면 내 삶에 영향을 많이 미치고 있는 인생책이 있다. 나는 《긍정의 힘》이 인생책이라 해도 과언이 아니다. 그래서 '조엘 오스틴'목사님의 책을 모두 사서 읽었다. 지금은 《최고의 삶》을 필사하고 있다. 여러 가지 일들로 힘이 들 때 힘이 되어 주는 목사님의 글들이 좋아서이다. 하루의 시작을 좋은 목사님의 글들로 시작하고 있다. 지금도 필사하면서 많은 위로와 힘을 얻고 있다. 필사에 관한 책들을 읽고 필사에 관한 글을 쓰면서 필사의 유익들을 내가 몸소 체험하고 있기 때문이다.

나처럼 글쓰기가 어렵다면 필사부터 시작하면 된다. 일단 필사를 시작하고부터 글쓰기는 시작된 것이다. 필사도 글쓰기이다. 필사함으로써 글을 쓰는 몸을 만들어 가는 것이다. 막상 글을 쓰려고 할 때 여러 가지 여건으로 글을 쓸 용기가 나지 않는다면 필사부터 해 보라. 컴퓨터가 되었든, 노트북이 되었던 일단 앉아 키보드를 두드리면 된다. 내가 좋아하고, 읽고 싶은 책을 선정하여 키보드를 두드리며 매일 매일 글을 써 보기를 바란다. 그 하루하루가 모여 어느새 여러분도 작가가 되어 있을 것이다.

가장 쉽게 작가되는 법은 필사였다

지금 내가 필사하고 있는 책은 이지성 작가의 《꿈꾸는 다락방》이다. 나름 많은 책을 읽었다. 읽은 책 중에 몇 번이고 다시 읽고 싶은 책을 꼽으라고 하면 《꿈꾸는 다락방》이 있다. 계속 필사하면서 필사책이 끝나갈 무렵이 되면 다음 책 선정에 고민하게 된다. 그러다가 책꽂이에 꽂혀 있는 책들을 둘러보게 되었다. 이 책이 눈에 들어왔다. 그래서 다음번 책으로 선정하였다. 현재 이 글을 쓰고 있는 시점의 필사책이다.

이지성 작가를 SNS를 통해 팔로우를 하며 소식들을 전해 듣고 있다. 유튜브 방송도 간간이 들어보기는 한다. 정치적인 성향이 강해서 사실 조금은 조심스럽기는 하다. 하지만 책만 놓고 본다면 너무나 좋은 책이다. 그래서 다른 것 다 빼고 책 내용만 보고 필사하면서 좋은 것만 나에게 적용하며 취하려 한다. 이지성 작가는 오랜 무명시절을 딛고 베스트셀러 작가가 되었다. 그를 베스트셀러 작가로 만들어준 책이 바로 《꿈꾸는 다락방》이다. 핵심은 '생생하게 꿈꾸면 현실이 된다'이다. 꿈을 시각화 하면 현실이 된다는 것이다.

나도 작가로서 꿈을 꾸게 되었다. 많은 노력보다 더 중요한 것이 꿈을 생생하게 꾸는 것이다. 그래서 나는 이 책을 필사하며 작가로서 생생하게 꿈을 꾼다. 내가 작가가 되어 매일 글을 쓰는 꿈, 카페에 앉아 노트북을 두드리고 있는 꿈, 산책하며 사색하는 꿈, 햇살이 잘 들어오는 집에서 글을 쓰고 있는 꿈, 커피 향이 온 집안을 가득 메운 가운데 글을 쓰고 있는 꿈을 꾼다. 내 책이 많은 독자에게 공감과 호응을 얻는 꿈을 꾼다. 나도 내 개인 저서를 출간하여 내 책을 친필 사인하는 꿈을 꾼다.

코로나19가 시작되기 전 〈미스트롯〉이라는 프로그램으로 트롯열풍이 일었다. 트로트 하면 할머니, 할아버지들이 주로 부르는 노래 장르쯤으로 알고 있었다. 휴게소에 가면 주로 많이 듣던 노래 정도로 알고 있었다. 그러다가 〈미스트롯〉이란 트롯 장르의 경연대회가 생겼다. 아이돌 가수의 다양한 장르의 노래를 제치고 트롯이 대한민국을 강타했다. '송가인'을 필두로 '임영웅'으로 이어졌다. 내가 아는 분은 '송가인'을 너무 좋아해서 하루종일 '송가인' 노래만 듣는 것을 보았다. 휴대폰 요금제를 무제한으로 하는 것을 몰라 계속 듣다가 휴대폰 요금 날아온 것을 보고 깜짝 놀라 요금제를 무제한으로 돌리는 경우도 보았다.

나는 위로 언니들이 많다. 둘째 언니가 서울에서 살고 있다. 우연한 기회에 〈미스트롯〉을 통해 '이찬원'을 좋아하고 있다. 10여 년 전에 형부를 하늘나라로 보내고 혼자 사시면서 많이 힘들어하는 모습을 옆에서 지켜보기만 했다. 그러다가 이찬원을 알고부터 이찬원의 찐 팬이 되었다. 10대, 20대 젊은이들이 아이돌 가수들을 좋아하고 따라 하듯 언니는 60살이 다 되어 이찬원의 팬이 되었다. 요즘 말로 덕질하며 아픔을 이겨 나가는 모습을 보고 있다. 본의 아니게 나도 주워듣는 이야기들이 많았다.

이찬원은 어려서 전국노래자랑에도 몇 번 나왔다. 어린 나이에도 트로트를 맛깔나게 잘 불렀다. 이찬원도 기성 가수들의 트로트를 따라서 잘 불렀다. 특히 나훈아의 노래를 잘 따라 불렀다. 한 번씩 채널을 돌리다 보면 이찬원이가 부르는 노래를 듣게 된다. 원곡 가수보다 노래를 더 애절하게 잘 부르는 모습을 본다. 트로트 경연대회에서도 원곡 가수보다 더 잘 불러서 많은 호응과 높은 점수를 받는 모습을 보았다.

이처럼 이찬원 가수도 자기 노래, 자기 곡으로 시작한 것이 아니라 남의 노래를 따라부르면서 지금의 유명가수가 됐다. 어려서부터 노래를 잘 따라 불렀기 때문에 지금의 이찬원이 됐다. 남의 노래를 잘 따라 부르고 자기만의 색깔로 불렀기에 대중들이 좋아해 주었다. 필사도 이와 마찬가지다. 처음부터 내 글을 잘 쓰려고 하면 쉽게 포기하게 된다. 잘 쓴 글들을 보며 좌절하게도 된다. 이찬원이가 남의 노래를 맛깔나게 부르면서 유명가수가 된 것처럼 남의 글을 열심히 따라 쓰다 보면 어느 날 내 글을 쓰고 있는 자신을 보게 될 것이다.

집 앞에 대청천이 있다. 여름이면 남녀노소 나와서 물놀이를 한다. 요 며칠 갑자기 더워진 날씨에 벌써 물놀이하는 학생들이 눈에 들어온다. 대청천을 따가 올라가면 장유계곡이 있다. 이 길들을 산책길로 만들었다. 나는 이 길들이 너무 좋다. 장유계곡을 따라 가게들이 즐비하다. 여름에는 계곡을 찾는 사람들로 주차 전쟁이다. 이곳에는 식당들도 많다. 그리고 예쁜 카페들도 많다. 요즈음 내가 즐겨 찾는 카페가 있다. 한가한 토요일 하루를 빼서 카페를 찾았다. 가방에는 노트북과 책, 이어폰, 필기구를 챙겨서 간다. 내가 읽고 싶었던 책도 골라서 간다. 지금은 하루가 다르게 산 색깔이 푸르름으로 변하고 있다. 카페에서 내려다보이는 연푸른 초록이 마냥 싱그럽다. 아침 일찍 찾아간 카페에 벌써 손님들이 줄을 서서 오픈할 때까지 기다리고 있었다. 오픈하고 내가 좋아하는 자리에 앉아 캐모마일 한잔과 갓 구운 빵을 주문해 두고 앉는다. 이때도 나는 작가처럼 행동한다. 책을 펼쳐 매일 쓰던 필사를 시작한다. 노트북으로 타자 두드리는 소리가 너무 기분이 좋다. 혹 옆 자리에 큰 소리로 이야기하는 사람이 신경 쓰이면 이어폰을 꽂고 내가 좋아하는 음악을 듣는다.

이렇게 필사라는 도구를 사용하여 나는 내가 꿈꾸던 작가의 모습을 연습하고 있다. 아니 연습이 아니라 작가로서의 삶을 살고 있다. 이미 전자책을 출간하였지만 그래도 아직은 내가 부족하다는 생각이 나를 사로잡을 때가 많다. 이럴 때 나는 이 방법을 사용한다. 이미 작가가 된 내 모습을 그리며 필사로 글쓰기를 한다. 오미크론 코로나로 인하여 여기저기서 확진자들이 생기는 와중이었다. 마지막 꼭지 사례 찾기를 못하고 그대로 둔 상황이었다. 글을 쓸 환경들이 안 되었다. 새로운 환경에 적응하는 것도 힘들었다. 몸도 부쳤다. 그래도 내가 붙잡고 간 것이 필사였다. 그 필사가 나를 작가의 길을 포기하지 않도록 하였다. 지금도 이렇게 글을 쓰고 있는 나 자신을 발견하고 있다.

나에게 작가가 되는 가장 쉬운 방법은 필사였다. 이 필사가 나를 작가의 길을 포기하지 않도록 해주었다. 너무나 감사하게도 전자책이 많이 팔리고 있다. 대학교 도서관에서도 내 책이 배치되고 고등학교에서도 내 책이 팔려나갔다. 교육청에서도 내 전자책을 샀다. 서울도서관 및 몇몇 도서관에서는 내 책이 오디오북으로 제작되어 배치되어 있다. 내 책을 읽고 서평을 달아 주시는 분들의 고마운 글들도 보게 된다. 나는 이미 전자책을 쓴 상황이라 공저 쓰기 일곱 꼭지는 쉽게 쓰게 될 것으로 생각했다. 조금은 쉽게 생각했다. 그러나 시간이 지나면서 사례 찾기에 막혀 전혀 진도가 나가지 않게 되자 서서히 부담으로 다가왔다. 오늘은 기필코 마무리를 지어야겠다는 마음으로 노트북을 펼쳤다. 가벼운 산책을 하며 생각을 정리하였다. 사례를 찾아 나섰다. 지금의 내 심정이 가장 솔직한 글이 될 거라는 생각으로 이렇게 마무리를 짓는다.

필사에 대한 유익들을 책을 통해서 배웠다. 이제까지 필사를 하면서 작가로서의 생각을 부여잡고 있었다. 하루에 적어도 30분은 필사를 꼭 하였다. 새벽 시간 일어나자마자 잠이 덜 깬 상황에서도 필사하였다. 그 필사가 지금 이렇게 나의 마지막 사례를 장식하며 공저 쓰기를 마무리해 가고 있다. 포기하지 않고 마무리해 가고 있다는 것이 얼마나 다행인지 모른다. 이젠 앞으로의 새로운 도전을 할 것이다. 내 이름으로 된 나만의 책 쓰기를 도전하려 한다. 좋은 작가가 되고 싶다. 독자들에게 공감이 되고 울림이 있는 멋진 글들을 쓰고 있는 나를 상상해본다. 가슴이 설렌다. 흥분된다. 그리고 무엇보다 감사하다.

제3장
필사로 매일 쓰고 읽는다

이두현

나는 매일 쓴다

내가 아는 한 선생님은 아침 시간을 쪼개 글을 쓴 덕분에 10권의 책을 쓴 작가가 되었다. 한 권 쓰기도 쉽지 않은 책을 10권이나 쓴 것이 신기해서 특별한 비법이라도 있는지 물었다. 잘 쓰든 못 쓰든 무조건 매일 쓰는 방법밖에 없다고 한다. 선생님도 한 권 두 권 쓰다 보니 나중에야 실력이 늘었지, 처음에는 글이 안 써져서 남의 글을 베껴 쓰기라도 해서 어쨌든 매일 썼다고 한다. 글을 잘 써서 매일 쓰는 게 아니라 매일 끄적이다 보면 어느 순간 잘 쓰게 되는 거라고. 특별한 비법을 기대했는데 아쉬웠다. 그런데 일본 작가 무라카미 하루키도 똑같은 얘기를 한다. 무라카미 하루키는 칠순이 넘었는데 아직도 원고지 40장 분량의 글을 매일 쓴다. 매일 글이 잘 써져서 그렇게 쓰는 게 아니라 컨디션이 안 좋고 쓸 게 떠오르지 않는 날에도 글을 쌓아가야 계속 쓸 수 있다는 것을 알기 때문에 예외를 두지 않는다고 한다. 세계적인 베스트셀러 작가도 매일 성실하게 글을 쌓아가고 있는데 이제 글쓰기 좀 시작해보겠다는 사람이 얕은 꼼수나 바랐던 게 살짝 부끄러웠다. 결국 글쓰기는 요령이 따로 없고 매일 써야만 잘 쓰게 된다는 결론이다.

　나도 매일 쓰기로 했다. 글을 잘 쓰는 방법은 매일 써보는 것뿐이라고 하니 성실하게 시간을 들여 글을 쌓아가는 방법밖에 없었다. 글쓰기를 위해 새벽을 깨우고 매일 모니터 앞에 앉으려고 노력했다. 의지만큼은 하루키에게 뒤지지 않는다고 생각했지만, 학생 때처럼 선생님이 검사하는 것도 아니고, 글쓰기에 재능이 있어 술술 써지는 사람도 아니라 매일 글을 쓴다는 게 쉽지는 않았다.

　나의 글쓰기는 책 읽기에서 시작되었다. 아이 둘을 낳고 엄마의 자리에 놓이면서 책은 나의 멘토이자 안식처였다. 아무것도 모르는 엄마지만 아이들을 잘 키워야 한다는 부담으로 더 불안해진 나의 일상은 아슬아슬 버티는 날의 연속이었다. 그래도 잘살아보려고 책을 의지해 간절하게 읽었다. 일주일에 2~3권씩 읽었는데 모든 책을 구입할 수 없어서 집 근처 도서관을 이용했다. 책을 빌려 읽으면 많이 읽을 수 있어 좋지만, 밑줄을 그을 수 없어 좋은 문장을 그냥 흘려보내야 하는 순간이 아쉬웠다. 그래서 어느 순간부터 책에서 놓치기 싫은 문장을 만나면 열심히 플래그를 붙였다가 그것을 노트에 베껴 쓰기 시작했다. 어쩌면 이것이 내가 처음 글쓰기를 시작한 방식일지도 모르겠다. 내 생각을 쓴 것은 아니지만 나에게 울림이 컸던 문장을 쓰고 나면 빈 공간에 저절로 내 생각도 간단히 적게 되었다. 대단한 건 아니었지만 그 생각을 흘려보내지 않고 글로 표현하는 자체로 위로가 되는 것 같았다. 나는 읽으면 끄적이기를 반복했다. 그 끄적거림을 시작으로 조금씩 글쓰기를 시도한 것 같다.

그래봤자 처음에는 한두 줄이었지만 글쓰기에 대한 거부감을 없애기에는 충분했다. 운이 좋으면 통째로 베껴 쓰고 싶은 책을 만나기도 했는데 이게 얼마나 큰 행복인지 경험해보지 않은 사람은 모를 것이다. 세상에 좋은 책은 많지만 내 상황과 딱 맞아 진정한 공감으로 위로가 되는 책을 만나는 것이 흔한 일은 아니기 때문이다. 그런 책을 만나면 한동안 괜히 신나고 행복하다. 바로 책을 구입하고 처음부터 끝까지 베껴 썼다. 첫 번째는 눈으로 읽고, 두 번째는 손으로 읽는 것이다. 손으로 읽으면, 즉 베껴 쓰면 시간이 오래 걸린다. 효율을 중요하게 생각하는 사람은 그 시간에 다른 책을 더 읽는 게 낫지 않냐고 반문할지도 모르겠다. 하지만 필사는 시간이 오래 걸리기 때문에 의미가 있다고 생각한다. 눈으로 보고 그것을 다시 옮겨 쓸 때는 시간의 틈이 발생하는데 그 잠깐의 시간에 내 생각이 떠오르기 때문이다. 손으로 베껴 쓰는 행위만 하고 있다고 느끼겠지만 그 시간의 틈이 반복되면서 실제로는 많은 생각을 하게 된다. 시간이 지날수록 필사를 하고 나면 자연스럽게 내 생각이 만들어지고 밖으로 꺼낼 수도 있었다. 머릿속에만 있던 생각은 쓰는 행위를 통해 정리되고 구체화 되었다.

책을 통째로 베껴 쓰기 시작하면서 내 생각을 쓰는 일도 조금 편해졌다. 베껴 쓰는 것이 내 것을 쓰는 것은 아니지만 잘 정리된 남의 생각을 따라 쓰는 연습이 내 생각을 전개해가는 과정을 배우는 공부가 된 것은 분명하다. 어떤 날은 베껴 쓴 것보다 내 생각이 더 길어질 때도 있었다. 거침없이 내 생각을 써 내려가는 걸 보면서 신기함과 기쁨이 교차하며 이런 생각도 들었다.

'나에게 글쓰기가 어색하고 어려웠던 건 충분히 생각할 기회가 없었기 때문은 아닐까?'

전업주부로 사는 내가 일상에서 하는 생각은 정해진 범위와 주제를 크게 벗어나지 않는다. 장을 보러 가서 필요한 물건을 합리적으로 선택하기 위한 생각, 아이 상황을 확인하며 시간을 조율하는 과정 등 간단히 생각하고 처리하면 되는 일들이라 논리적이고 체계적인 생각을 필요로 하지 않았다. 그나마 책을 읽으면 생각할 기회가 생기는 것 같았지만 이마저도 일상에 치이면 좋은 문장과 생각들이 금세 휘발되는 상황이 반복되면서 생각할 기회는 점점 멀어져갔다. 이런 상황에서 필사를 하게 된 것은 큰 행운이었다. 책 속의 문장을 옮겨쓰면서 내 생각을 끌어낼 좋은 질문을 던지기 시작했기 때문이다. 일상에서 주고받는 단편적인 질문이 아니라 '나는 어떤 사람일까. 나는 왜 사는 걸까. 나는 언제 행복할까. 나는 어떻게 살고 싶을까'라는, 내 안으로 깊이 들어가야만 답을 얻을 수 있는 질문이다. 필사하며 만난 이런 질문들을 통해 생각하는 과정을 반복하고 그 생각을 쓸 수 있게 되면서 내 삶을 솔직한 시선으로 바라보게 되었다. 필사를 통해 좋은 질문을 얻고 그 질문에 답을 찾아가는 과정을 즐기면서 글쓰기의 매력에 조금씩 빠져들기 시작했다.

필사만큼 생각이란 걸 하기에 좋은 도구도 없다. 필사는 내 생활의 놀라운 변화를 가져왔다. 책을 읽다가 만난 어떤 문장이 좋아서, 그 문장을 흘려보내는 게 아쉬워서 쓰기 시작했지만 그렇게 쓰는 것이 남의 생각을 베껴 쓰는 것으로 끝나지 않았다. 시간이 흐르고 베껴 쓴 글이 쌓이면서 내 생각이 건드려지고 그것을 조금씩 구체화하여 글로 꺼낼 수 있게 되었다. 내 생각을 글로 표현한다는 게 신기하고 성취감도 있어 점점 더 쓰고 싶어졌다. 본격적으로 필사를 해보고 싶어서 책 쓰기에 도전하는 예비 작가들의 필사 모임에 신청했다. 빨리 가려면 혼자 가고 멀리 가려면 함께 가라고 했던가? 나는 꾸준히 필사하며 글쓰기를 배우고 더 나아가 내 책도 써볼 좋은 기회라고 생각하고 적극적으로 문을 두드렸다.

"꾸준히 필사하면 글 쓰는 형식을 익히게 될 것이고 글쓰기가 편해지는 순간이 올 거예요. 제가 그렇게 글쓰기를 배웠고, 책 10권을 쓴 작가가 되었거든요. 필사를 꾸준히 하면 반드시 내 책을 갖게 될 거예요. 매일 쓰는 것이 가장 중요합니다!"

필사 모임을 이끌어 주시는 작가님의 마법 같은 조언을 듣자 머릿속에 글이 술술 써지는 내가 그려졌다. 내가 쓴 책을 들고 사람들 앞에서 강연하는 모습까지 한참을 즐겁게 상상했다. 어찌나 설레고 생생하던지 상상을 누구에게 들키기라도 한 듯 현실로 돌아오는 순간 슬쩍 민망했을 정도다. 나는 필사가 더 간절해졌고 열심히 책 한 권을 통째로 베껴 쓰기 시작했다. 이번에는 글쓰기를 배우기 위해서라는 목적이 분명했기 때문에 글의 내용보다는 형식에 집중했다. 책을 쓴 작가들은 어떤 형식으로 글을 시작해서 자연스럽게 메시지를 꺼내고 마무리를 하는지 직접 글을 베껴 쓰면서 배우고 흉내도 냈다. 필사를 통해 글쓰기를 배우는 과정은 서론, 본론, 결론의 형식을 이론으로만 배우는 게 아니라 직접 베껴 쓰면서 실습을 병행하는 것과 같다고 할 수 있다. 이렇게 배우니까 정말 한 달 만에 글쓰기의 감이 생기고 단단하고 높게만 느껴졌던 벽이 조금은 낮아진 것 같았다.

그래도 고비는 늘 찾아왔다. 글쓰기 실력이 금방 눈에 띄게 향상되는 것은 아니라 체력이 떨어질 땐 '이게 다 무슨 소용인가?' 의미 자체를 의심하며 그만두고 싶은 날도 있었다. 하지만 혼자 하는 게 아니었기에 참가자들과 이런 솔직한 마음과 상황을 주고받으며 '나만 그런 게 아니구나' 위로도 받고 계속해 나갈 힘을 얻었다. 필사하며 각자 느끼고 있는 작은 변화를 공유하는 재미 또한 확실한 동력이 되었다.

마음이 간절하고 의지가 확고해도 생각처럼 안 될 때가 있다. 필사도 예외는 아니었다. 그럼에도 불구하고 꾸준히 2장씩 필사하며 글쓰기를 내 몸에 익히고 글쓰기가 내 일상으로 자리 잡을 수 있었던 것은 혼자가 아니라 함께 했기 때문이다. 내가 매일 글을 쓰게 된 것은 서로 밀고 당겨준 필사 모임 덕분이라고 생각한다. 글쓰기도 혼자서 힘들게 배우지 말고 주위에 함께 할 친구를 찾아 서로 의지하면 끝까지 할 수 있다.

글이 쓰고 싶어서 새벽 시간을 기다리는 내 모습이 어색하지만 반갑고

기쁘다. 나는 남의 글을 베껴 쓰는 것도 글쓰기의 과정이라고 생각한다. 내 생각을 꺼내어 쓰는 직접적인 행위는 아닐지라도 내 생각을 꺼내게 하는 강력한 기폭제가 되기 때문이다. 베껴 쓴 시간과 글이 쌓이면 자연스럽게 내 생각도 쓰게 된다. 필사는 글자만 베껴 쓰는 행동이 아니라 글자 뒤에 숨겨진 작가의 호흡과 생각을 느낄 시간을 얻는 것이다. 그 시간을 통해 내 것이 만들어진다. 만들어진 내 생각을 꺼내면 글이 된다. 그래서 베껴 쓰는 것도 내 글을 쓰는 것과 다를 것이 없다고 생각한다.

이제는 남의 글이 아니라 책을 쓰기 위해 내 글을 쓴다. 내 생각을 써서 사람들과 나누고 싶다는 소망이 생겼다. 내가 힘들었을 때 책으로 위로받고 나아갈 힘을 얻었던 것처럼 누군가에게 그런 한 권의 책을 선물하고 싶다. 일 년에 한 권의 책도 제대로 읽지 않았던 내가 일 년에 100권이 넘는 책을 읽고 이제는 작가의 꿈까지 품게 되었다. 필사가 만들어 낸 기적이다. 나는 책을 손으로 읽었기에 책을 쓰게 된 것이라고 믿는다. 필사는 내 책을 쓰기 위한 가장 강력한 방법이다. 남의 글을 베껴 쓰다 보면 내 글을 쓰게 되고 책도 쓸 수 있다. 이제 매일 쓰는 사람이 되어보자. 매일 쓰다 보면 어느 순간 나도 작가가 되어 있을 것이다. 필사부터 시작하면 된다.

필사 후 독서 양도 늘었다

나는 먹는 걸 좋아한다. 자주 먹고 많이 먹고 가리지 않고 먹는다. 그중에서도 특히 매콤한 떡볶이를 좋아하는데 혀끝이 얼얼할 정도로 매운 떡볶이를 먹고 나서 달콤한 바닐라라떼로 당 충전을 하는 게 행복의 한 세트처럼 되어버렸다. 떡볶이를 먹으면 달콤한 바닐라라떼가 생각나고, 바닐라라떼를 마실 땐 매콤한 떡볶이를 떠올리며 입맛을 다진다. 뗄레야 뗄 수 없는 행복한 조합이다. 나에게는 매운 떡볶이와 달달한 바닐라라떼 처럼 분명 다른 것인데 하나같은 것이 또 있는데 바로 읽기와 쓰기이다. 읽기와 쓰기도 분명 다른 행위인데 떼어서 생각하기가 어렵다. 읽다 보면 결국은 쓰게 되고 쓰다 보면 더 많이 읽게 된다.

필사는 쓰기이다. 쓰기를 위해서 의도적으로 읽기를 시작하는 사람은 드물지만 읽기를 하다 보면 결국은 쓰게 된다. 내가 필사를 시작하게 된 계기를 생각해보면 더 깊게 읽고 싶어서 자연스럽게 쓰는 행위가 따라왔다. 한 글자씩 베껴 쓰면서 천천히 읽게 됐고 더 많이 읽게 됐다. 베껴 쓰는 시간이 늘어나고 베껴 쓴 문장이 쌓일수록 나의 읽기는 더 넓어지고 깊어졌다. 쓰면 쓸수록 알고 싶은 것이 늘어나서 읽기에 속도가 붙었다. 읽으면 쓰게 되고 쓰면 멈추지 않고 더 읽게 됐다. 이렇게 읽기와 쓰기는 하나가 되어 굴러갔다.

나의 읽기를 풍요롭게 만들어준 필사에 대해 이야기 해보고 싶다. 결론부터 말하자면 쓰기의 시작이었던 필사 덕분에 나는 더 많은 책을 읽게 되었다. 필사하기 전에는 책을 읽기만 하면 전부 내 것이 되는 줄 알았다. 그래서 빨리 읽고 더 많이 읽기 위해 읽는 행위에만 집중했다. 책을 펼치면 마치 몇 끼를 굶은 사람이 음식을 마주한 상황처럼 허겁지겁 먹어 치우기 바빴다. 어떤 식재료로 어떻게 만든 음식인지, 맛을 음미할 시간도 없이 배를 채우기에만 급급했던 것 같다. 허기를 채우고 불룩해진 배를 보면서 무엇에 쫓기듯 글자를 흡입한 내 모습이 오버랩되어 씁쓸하기도 했다. 배부른 느낌이 기분 좋은 포만감에서 금세 불편함으로 바뀌듯 이런 식의 독서는 읽었다는 사실만 남을 뿐 무엇을 어떻게 읽었고 그래서 뭘 생각했는지 남은 게 없어 허무해지기 시작했다. 필사를 시작하게 된 건 이 허무함과 자주 만나게 되면서였다. 작가의 생각을 깊이 음미하고 내 생각도 묻기 위해 천천히 읽으려고 노력해봤지만 빨리 읽는 게 습관이 되어 생각처럼 쉽지 않았다.

아이들이 학령기가 되면서 학습법에 대한 궁금증이 생겼다. 그래서 나보다 먼저 아이를 길러낸 선배 엄마들의 책과 전문가들이 추천하는 각종 학습법에 관한 책을 찾아 읽었다. 예전처럼 궁금증을 해결하기 위해 읽기에만 집중했다면 많은 책에서 얻은 정보들로 혼란스럽기만 했을 것이다. 좋다고 하는 학원이며 문제집을 섭렵해가며 어쩌면 우리 집 아이들은 많은 학습법의 마루타가 되었을지도 모르겠다. 하지만 다행히도 학습 동기에 관한 어느 교수님의 책을 필사하게 되면서 학습 방법에만 갇혀있던 내 생각이 학습자의 역량과 태도로 확장되었다. 학습의 주체인 아이의 주의 집중력, 기억력, 학업적 성취동기나 자기 효능감, 회복탄력성, 학습 태도 같은 학습 역량에 관심을 가지게 되었다. 필사하고 천천히 고민하면서 읽은 덕분에 학습의 더 본질적 문제인 학습 역량을 다루게 된 셈이다. 학습 역량의 중요성을 인지하게 되니 나의 독서는 방향을 찾고 속도와 깊이가 생겼다. 당연히 독서량도 함께 늘었다. '역량이라는 것은 무엇일까? 타고나는 것일까 만들어지는 것일까? 후천적인 노력으로 어디까지 계발될 수 있을까? 자기 주도성은 어떻게 시작되는 것일까? 잠재력은 어떤 과정을 통해 발현되는 것일까? 태도는 어떻게 길러야 할까?' 등등 많은 물음표와 함께 엄청난 양의 독서가 시작되었다.

필사는 분명 쓰는 행위이지만 나는 깊이 천천히 읽는 방법이라고 생각한다. 글자를 옮겨 쓰면 천천히 두 번 읽는 효과가 있다. 글자를 빨리 읽던 사람이 일부러 속도를 줄여 천천히 읽는 것은 어렵지만 베껴 쓰는 것은 저절로 천천히 읽기가 된다. 그러면서 글을 한 번 더 곱씹어보게 되고 내 생각을 묻고 좀 더 들여다볼 기회를 얻는다. 나는 한 권의 책을 베껴 쓰며 읽은 덕분에 본질적인 문제를 고민하게 되었고 깊이 있는 독서가 시작되었다. 필사는 이렇게 내가 알고 싶은 문제에 대해 진지하게 다룰 기회를 주고 범위의 확장을 가져온다. 그냥 시중에서 많이 팔리고 있는 책이나 다른 사람이 추천하는 책을 읽을 때는 흐름을 타고 연결되는 느낌이 없었다. 한 권을 다 읽고 여간해서 다음 책으로 이어지는 게 어려웠다. 하지만 필사하면서 책을 읽으면 단 하나라도 더 관심 가는 게 생기고 그것을 연결하여 점점 깊이 있는 독서로 이어졌다. 읽고 싶은 책이 계속 생겨서 독서량이 늘어날 수밖에 없었다.

베껴 쓰기를 시작한 후로 질문하는 책 읽기가 시작되었다. 질문하는 독서가 시작되면 독서량이 늘어난다. 그 질문들은 나의 내면을 바라보게 하고 내가 원하는 나의 모습을 자주 떠올리게 한다. 그런 질문들을 나에게 하는 것만으로도 좋은 자극이 되어 계속 좋은 질문을 얻기 위해 더 많은 책을 읽게 된다. 나는 책을 읽는 궁극적인 목적이 좋은 질문을 얻기 위해서라고 생각하는데 읽기만 해서는 질문을 얻기가 어려웠다. 나보다 똑똑하고 많이 아는 저자의 생각을 이해하고 따라가기 바쁘지 거기에 반기를 들거나 질문을 떠올리는 건 불편하고 어려운 일이었다. 예전에 유대인들의 하브루타를 다룬 책을 읽은 적이 있다. 하브루타는 좋은 질문을 통해 스스로 생각하게 만드는 유대인들의 공부법인데 한동안 책을 읽으며 따라 하려고 노력했었다. 하브루타 강좌를 찾아 적극적으로 참여해보기도 했다. 강사가 긴 텍스트를 주면 읽고 질문 10개를 만들어 짝과 질문을 주고받는 식으로 진행됐는데 억지로 질문을 만드느라 너무 힘들었던 기억만 남아있다. 그런데 나만 그랬던 게 아니라 함께 참여했던 수강생들 모두 하나같이 질문을 어떻게 만들어야 하는지 모르겠다고 입을 모았다. 읽으면 저절로 질문거리가 생길 줄 알았는데 사실 책 한 권을 읽어도 질문이 떠오르지 않는 일은 다반사였다.

　책을 읽으면 느낌은 남아도 질문이 떠오르는 일은 거의 없었다. 그냥 '그런가보다' 하고 결론을 내렸지 내 생각을 자극할만할 질문이 떠오르지는 않았다. 그런데 필사를 시작하고부터 질문을 떠올리는 일이 꽤 자연스러워졌고 자주 일어났다. 얼마 전에 그렉 맥커운의 '에센셜리즘'을 필사하면서도 좋은 질문을 떠올렸는데 다시 한번 필사의 중요성을 경험했다. 그 책에서 말하는 본질에 따르는 삶은 각자 중요한 가치를 우선순위에 두고 사는 삶이다. 필사하지 않았다면 '본질에 따르는 삶이 중요하구나' 하고 끝났을 것이다. 하지만 필사 덕분에 나에게 질문을 던지며 나를 객관적으로 바라볼 기회를 얻었다. 나는 열심히는 살고 있는데 아직도 내 삶을 채우고 있는 일의 대부분이 중요한 일(본질적인 것)이 아니라 당장 처리해야 할 급한 일(비본질적인 것)이 많다고 느껴졌다. '본질에 따르는 삶이 중요하다는 걸 알면서도 그렇게 살지 못하는 이유는 무엇일까?'라는 질문이 떠올랐다. 묻고 또 물으며 생각은 계속해서 다른 생각을 불러왔다. 그리고 어느 순간 깨달았다. 내가 본질에 따르는 삶을 살지 못하는 이유는 나에게 진짜 본질적인 것이 무엇인지 모르기 때문이라는 걸. 결국 나 자신에 대해 잘 모르기 때문에 남들이 중요하다고 하는 것, 좋아 보이는 것을 우선 순위에 놓고 그냥 열심히만 하며 살고 있던 건 아닐까 하는 생각을 해보게 되었다. 책을 덮고 '나에게 중요한 것'이 무엇인지 다시 묻기 시작하니 내 삶에서 없애거나 덜어내야 할 것들이 보였다. 어떻게 하면 본질적인 것을 추구하면서 더 의미있는 삶을 살아갈 수 있을지 집요하게 물을 수 있었다. 이 모든 것이 나를 알아가는 과정이고 내 것을 만들어내는 일이다. 필사 덕분에 이런 기회를 자주 경험하면서 나는 계속 좋은 질문을 얻기 위해 책을 펼치고 또 펼쳤다.

이제 쓰기가 없는 읽기는 생각하기 어렵다. 시간이 오래 걸리는 쓰기 없이 많이 읽는 것이 효율적이라고 생각한 적도 있었지만 쓰기를 통해 읽기가 더 깊어지고 오히려 읽는 양도 늘어나면서 효율이라는 기준이 바뀌었다. 나는 필사 후 독서량이 늘었다. 베껴 쓰며 더 깊이 읽게 되었고 깊이 읽을수록 내 관심과 생각이 또렷해지고 구체화 되었다. 분명해진 내 생각을 따라 독서는 흐름을 타고 빠르게 늘어났다. 베껴 쓰며 깊이 읽을수록 나 자신에게 질문하게 되었고 그 질문에 답하기 위해 계속해서 책을 펼치는 적극적인 독서가 이어졌다. 책이 던져 준 좋은 질문에 내 생각을 쌓아가며 독서의 궁극적인 목적을 실천하고 있다. 책 한 권을 읽으면 단 한 줄이라도 필사한다. 베껴 쓴 문장이 나에게 질문하기 시작하면서 질문을 얻는 도구로 필사를 활용하고 있다. 쓰면 질문하게 되고 질문하면서 더 읽게 된다. 이제는 쓰면서 읽어보자. 읽고 쓰는 하나의 과정을 반복하며 독서를 통해 삶이 변화되는 선순환을 경험해보자.

더 쓰고 더 읽기 위해 이른 새벽 기상한다

코로나19로 한동안 보지 못했던 친구들과 오랜만에 만났다. 만날 때마다 우리는 돌아갈 수 없어 더 아쉬운 어린 시절을 소환한다. 이번에도 역시 그 시절을 추억하며 행복했던 순간을 그리워했다. 그리고 요즘은 언제 행복을 느끼는지 자기만의 행복한 순간을 이야기하며 웃음꽃을 피웠다. 물건을 버리고 깨끗해진 공간을 보면서, 하고 싶었던 공부를 시작해 성취를 느끼며, 맛있는 음식을 예쁜 사진으로 남기며 행복을 느낀다고 했다. 행복한 일은 당장 하고 있지 않아도, 그 순간을 떠올리는 것만으로 행복하게 해주었다. 친구들은 서로의 행복한 순간에 공감했다. 하지만 내 이야기를 꺼내자 다들 의아하다는 표정을 지었다.

"나는 세상이 가장 고요한 새벽 시간에 내가 가장 편안한 공간에서 책을 읽고 솔직한 글을 쓸 때 너무 행복해."

"책 읽고 글 쓰는 일 자체도 즐겁지 않은 일인데 그걸 새벽에 일어나서 한다고? 아니 도대체 왜?"

친구의 반응에 그럴 수 있다고 생각했다. 나도 새벽 기상을 하기 전에는 내 삶에 새벽이라는 시간은 존재하지도 않았으니까.

지금 시각은 새벽 4시 43분이다. 오늘도 고요한 시간에 일어나 따뜻한 차 한잔을 옆에 두고 책상에 앉았다. 4년째 새벽 루틴을 지속하고 있다. 간단히 스트레칭을 하고 책도 읽고 글도 쓴다. 새벽잠을 포기하면서까지 책을 읽고 글을 쓰는 일은 누가 시켜서 하는 일이 아니라 내가 좋아서 하는 일이다.

나는 왜 더 쓰고 더 읽기 위해 굳이 이른 새벽에 일어나는 걸까? 그리고 그 시간이 왜 행복하다고 느끼는 걸까?

책을 읽어도 낮 시간에 읽는 것과 새벽 시간에 읽는 것은 많은 차이가 있다. 낮에도 독서는 할 수 있지만 몰입도가 다르다. 내용을 이해하고 작가의 호흡을 따라가는 것에는 문제가 없겠지만 딱 거기까지이다. 행간의 떠오른 내 생각을 잡아보려 하면 카톡이 온다. 낮에 하는 독서는 어쩔 수 없다. 많은 것들과 내 시간을 나누어 써야 한다. 아이들 학교 알림 문자, 광고 전화, 당근 알림... 이런 것들로부터 자유로워질 수 없다. 하지만 새벽 독서는 다르다. 우선 광고 전화가 없고 카톡도 안 온다. 하루 중 유일하게 나만 생각해도 마음이 불편하지 않은 시간이다. 평온한 상태에서 읽고 싶은 책을 펼치고 어느 순간 완전히 몰입한다. 책과 내가 하나가 되는 순간이 행복하다는 것은 새벽 독서를 하면서 경험했다. 대단한 것을 배우거나 갑자기 똑똑해지는 것은 아닌데 내가 느낄 수 있는 작은 변화들이 생긴다. 진짜 소통에서 오는 충만함이랄까, 깊은 공감에서 시작된 작은 깨달음이랄까. 그 순간이 반복되며 내 의식이 바뀌고 작은 행동이 시작된다. 이런 변화로부터 오는 성취감은 나를 행복하게 한다. 이런 경험은 새벽 독서라서 가능했다.

쓰는 것도 새벽 시간의 글쓰기는 다르다. 고요한 새벽 시간의 글쓰기는 내가 할 수 있는 집중의 최대치를 끌어낸다. 낮에 써보려고 수없이 시도했지만 끝내 제자리에서 깜빡이기만 하던 노트북 화면의 커서가 희한하게도 새벽 시간에는 옮겨간다. 쓰면서 내가 편안했고 남이 읽었을 때도 좋다고 공감해주었던 글은 새벽 시간에 쓴 글이 대부분이었다. 새벽 시간에는 타인과 공감할 수 있는 솔직한 글이 써졌다.

언젠가 강원국 작가님이 '좋은 글은 어떤 글인가?'라는 질문에 답했던 말씀이 떠오른다.

"좋은 글은 나의 진심을 담은 글입니다. 나의 진짜 이야기를 썼을 때 읽는 사람도 공감하게 됩니다. 공감을 일으키는 글이 좋은 글입니다."

나의 진짜 이야기를 쓰기 위해서는 꾸밈없는 상태가 되어야 한다. 나를 지키기 위해 어쩔 수 없이 걸치고 있는 여러 겹의 옷을 하나씩 벗어내야 진짜 나를 만날 수 있다. 이것이 낮에는 불가능하다. 낮에는 내가 가지고 있는 가장 좋은 옷들로 나를 꾸밀 수밖에 없기 때문이다. 고요한 상태에서 꾸미지 않은 나를 만나는 일은 새벽 시간에만 가능했다. 그래서 새벽 시간이 글쓰기에도 최적의 시간일 수밖에 없다.

나는 글쓰기를 즐기던 사람이 아니다. 학교 다닐 때 방학마다 해야 했던 일기 쓰기도 개학 전날 벼락치기로 겨우 끝내던 학생이었다. 성인이 되어서도 글쓰기와는 친해질 기회가 없었다. 그래서 어쩌다 내 생각을 글로 적어내야 할 일이라도 생기면 너무 괴로웠다. 어쩜 그렇게 안 써지는지, 사실 얼마 전까지만 해도 한 문장은커녕 단어 하나를 썼다 지웠다 반복하며 괴로워했던 사람이다. 그랬던 내가 글쓰기의 문턱을 넘을 수 있었던 것은 순전히 필사 덕분이다. 필사는 남의 글을 베껴 쓰는 일이다. 그래서 쓰는 일이기는 했지만 부담스럽지 않았다.

처음에는 책을 읽다가 좋은 구절을 만나면 노트에 손으로 직접 적었다. 한 문장 두 문장 베껴 쓰다 보면 금세 한 바닥이 넘어가기도 했다. 남의 생각이지만 공감이 되고 좋아서 놓치고 싶지 않은 마음에 꾹꾹 눌러썼다. 눈으로만 읽을 때보다 손으로 같이 읽을 때 확실히 그 느낌이 더 깊게 다가오고 오래 남았다. 나는 필사가 좋았다. 내 생각을 적는 것이 아니니 부담도 없었다. 그러면서 점점 내 생각도 적고 싶다는 마음이 생겼다. 그래서 필사 후에 떠오른 느낌이나 생각을 한 두 문장으로 간단히 쓰기 시작했다.

어떤 일이 어렵거나 부담스러운 건 해보지 않았기 때문이라고 생각한다. 나는 이렇게 글쓰기를 시작하면서 글 쓰는 일 자체에 대한 거부감이 사라지는 것을 느꼈다. 그 후로 필사를 더 적극적으로 하게 되었다. 책을 읽고 감상의 방법으로 활용하던 필사를 글쓰기를 배우기 위한 수단으로 활용하게 된 것이다. 필사를 통해 글쓰기를 배웠고 그 덕분에 10권의 저서를 썼다는 기성 작가님의 이야기를 듣고는 '필사하면 나도 남에게 보여줄 수 있는 글을 쓸 수 있지 않을까?'라는 희망을 품게 되었다. 내 글도 쓰게 하고 책 쓰기까지 가능하게 한다는 필사의 힘을 믿어보기로 했다.

하루에 한 챕터씩 타이핑으로 필사하기 시작했다. 한 챕터는 A4 용지 두 장에서 두 장 반 정도 된다. 긴 글을 쓰는 것 자체가 어색했기 때문에 우선 남이 쓴 긴 글을 베껴 쓰면서 어색함부터 없애야 했다. 어떤 일이든 매일 하면 익숙해지고 익숙해지면 쉬워진다는 걸 믿었기 때문에 우선 거르지 않고 매일 하기 위한 방법을 고민했다. 그래서 선택한 시간이 새벽이었다. 그동안 새벽에 일어나 꾸준히 책을 읽었던 경험을 믿고 글쓰기도 새벽 시간을 활용해 보기로 했다. 2주 정도 반복했을까? 믿기 어렵겠지만 정말 필사만으로 글쓰기의 어색함이 많이 사라졌다. 남의 글을 베껴 쓰는 것이지만 집중해서 타이핑하다보면 내가 작가가 되어 글을 쓰고 있다는 착각이 들기도 했는데 이 기분이 참 좋았다. 그러면서 '남에게 보여줄 수 있는 글을 쓰고 싶다'는 마음은 '나도 내 책을 쓰고 싶다'는 생각으로 발전했다. 필사를 시작한 지 30일이 지나자 필사한 내용에 대한 감상을 A4 한 장 정도로 쓰는 일이 가능해졌다. 30일 동안 그냥 베껴 쓰기만 했다고 생각했는데 알게 모르게 글쓰기의 형식도 배운 것 같았다. '글의 시작은 전하려는 메시지와 관련 있는 내 경험담을 쓰는 것으로 하면 되겠다. 본론에서는 또 다른 경험에 내 생각을 얹어봐야지. 마지막에서는 내가 하고 싶은 말을 한 번 더 강조하면서 끝내면 되겠구나'라는 식으로 글 쓰는 방법을 스스로 터득하고 글쓰기에 적용하게 되었다. 정말 신기했다. 예전에 글쓰기 수업을 들었던 적이 있는데 이론단계에만 그치고 내 글을 쓰는 것으로 이어지지는 못했었다. 글쓰기는 결국 내가 직접 써야만 느는 것이고, 필사를 통해 남의 글을 베껴 쓰는 것으로 배울 수 있다는 걸 알게 되었다. 필사한 지 60일이 지나자 이제는 남의 글이 아니라 내 글도 쓸 수 있겠다는 자신감이 생겼다. 그때부터는 제목을 정하고 진짜 책을 쓰는 작가처럼 글쓰기를 시도해보았다. 지금도 나는 글을 잘 쓰거나 그 일이 쉬운 사람은 아니다. 하지만 필사하기 이전과는 분명 달라진 것이 있다. 내 생각을 글로 꺼내는 일이 이제는 피하고 싶거나 괴롭지 않다. 가끔 내 생각이 편하게 잘 써지는 날은 글을 쓰고 있는 순간이 즐겁고 행복하다고 느껴지기도 한다. 얼마 전까지만 해도 내 생각을 한 줄의 글로 써내는 것도 괴로운 사람이었는데 이 일을 즐기고 있다니 믿겨지지 않는다. 이것은 새벽 시간을 채운 필사가 만들어낸 기적이다.

한동안 남의 글을 베껴 쓰기 위해 새벽에 일어났다. 이제는 내 글을 쓰기 위해 새벽을 깨운다. 내 글을 쓴다는 기쁨에 더 일찍 일어나게 된다. 새벽이라는 시간은 누군가에게는 존재하지도 않는 시간이지만, 나처럼 또 누군가에게는 기적을 만들어내는 시간이 될 수 있다.

책을 읽고 글을 쓰는 일은 하루 중 언제라도 할 수 있지만 그것이 새벽 시간에 이루어질 때 더없이 나를 위한 일이 된다. 낮에는 남에게 보여질 나를 챙기느라 내 생각과 시선이 나에게 머물 여유가 없다. 분명 나는 열심히 살고 있는데 무언가 중요한 걸 놓치고 있다는 생각에 '내가 진짜 행복한 게 맞나?' 하는 의심이 들 때는 한동안 우울하기도 했다. 내가 그토록 원하던 행복은 타인에게 향해있던 시선을 나에게로 가져와 내 마음을 보고 내 생각을 묻고 꺼냈을 때 찾아왔다. 그래서 더 쓰고 더 읽으며 온전히 나에게 집중할 수 있는 새벽 시간이 더 소중해졌다.

고요한 새벽 시간, 읽고 쓰는 일은 나를 행복하게 한다. 진짜 행복을 원하고 있다면 읽고 쓰는 일을 내 삶에 들여보자. 읽고 쓰며 그 순간을 즐기는 나를 발견하게 된다면 지금 나의 행복을 의심하지 않게 될 것이다.

짜임새 있는 하루를 살고 있다

아침에 일어나면 책상에 앉자마자 하는 일이 있다. 플래너를 펼쳐 오늘 해야 할 일들을 빠짐없이 작성하는 습관이다. 그렇게 하는 게 시간을 효율적으로 활용하며 잘 사는거라 생각해 오랜 시간 지속하며 바쁘게 살았다. 빈틈도 없이 빼곡히 적은 리스트가 내 의지보다 강력한 동력이 된다고 믿었다. 그런데 어느 순간 버릇처럼 숫자를 늘리고 지우는 일이 형식적이라고 느껴지면서 회의가 찾아왔다. 내가 하려는 그 많은 일들이 나에게 어떤 의미가 있는지, 하루를 잘 살아낸다는 의미도 다시 생각해보게 되었다.

아침마다 좋은 문장을 필사한 후로 나에 대해 알아갈 기회가 많아졌다. 단순히 '좋은 글이다'라는 느낌으로 끝났던 문장들이 시시콜콜 나에게 묻기 시작했다. 그 물음에 답하며 나라는 사람에 대해 새롭게 알아갈

수록 내가 해야 할 일과 이유가 정리되는 것 같았다. 매일 형식적으로 쓰던 플래너의 to do list도 정리되기 시작했다. 당연히 반복했던 일들이 하나둘 정리가 되면서 지워지기도 새로운 의미를 찾기도 했다. 효율적으로 시간을 사용하고 짜임새 있게 하루를 보낸다는 의미가 내가 해내는 일의 가짓수에서 의미와 이유로 옮겨졌다. 매일 플래너를 가득 채우는 일보다단 한 줄이라도 필사하는 것이 중요해졌다. 필사는 하루를 여는 의식이되었다. 새벽 시간 20분의 필사는 내 마음 상태를 점검하고 오늘을 잘 살아내기 위한 나를 만드는 습관으로 자리 잡았다.

며칠 전 아이와 한바탕 소란이 있었다. 가지고 놀던 장난감을 거실에 그대로 둔 채 방에서 다른 놀이를 하고 있었기 때문이다. 평소에 정리 정돈이 안 되어 거슬렸던 아이의 행동을 그날은 지나치지 못했다. 전에도 아이에게 물건을 사용하고 제자리에 가져다 놓으라고 여러 번 말했지만 나아지지 않았다. 이미 화를 낸 상태에서 잔소리를 더 퍼부으려던 순간, 새벽에 필사했던 문장이 떠올랐다.

"부모는 아이에게 가장 중요한 환경이다."

이 문장을 쓰면서 생각했었다. '맞아. 부모는 아이에게 가장 중요한 환경이야. 내가 먼저 부모로서 좋은 환경이 되어 발전적인 모습을 보여준다면 아이도 잘 성장하게 될 거야. 내가 원하는 것을 말로만 가르칠 게 아니라 나부터 실천하며 삶으로 직접 보여주는 현명한 부모가 되려고 노력

하자.'

이 생각을 쓰며 다짐했던 마음을 떠올리면서 잔소리를 멈추었다. 사실 나도 물건을 사용하고 나서 급한 일부터 처리하느라 물건을 제자리에 두지 않는 일이 왕왕 있다. 이것을 인정하니 나도 하지 못한 일을 아이에게 요구하고 있는 상황이 부끄러웠다. 새벽에 했던 필사 덕분에 화가 난 감정을 진정시키고 내가 원하는 모습과 현재의 모습을 객관적으로 바라볼 수 있었다. 필사는 이렇게 나를 객관화시키고 마음을 다스리는 데에 큰 도움이 된다.

필사한 이후로 이런 일이 반복되면서 필사를 빼먹으면 안 되겠다고 생각하게 됐다. 필사는 내가 좋은 부모가 되기 위해 반드시 필요한 것이라는 생각이 확고해지면서 나의 생활에 변화가 일어났다. 필사를 빼먹지 않기 위해 새벽 기상을 시작하게 된 것이다. 아침에 남편의 출근을 돕고 아이들을 챙기다 보면 조용히 집중해서 필사 시간을 만들기가 어렵다. '나중에 여유가 생기면 해야지' 하면 항상 급하게 처리해야 하는 일이 생겨서 필사를 꾸준히 할 수가 없었다. 그래서 나는 필사를 매일 하기 위해 하루를 더 짜임새 있게 살기로 마음먹었다. 하루 중 방해받지 않고 온전히 나를 위해 쓸 수 있는 시간은 새벽 시간뿐이다. 새벽 시간은 다른 일에 밀리지 않고 꾸준히 지켜낼 수 있는 시간이다. 그래서 새벽에 일어나서 30분 정도 책을 읽다가 필사하고 싶은 문장을 만나면 20분 정도 필사를 시작했다. 그리고 10분 정도 내 생각이나 느낌을 적고 나에게 어떻게 적용하면 좋을지 고민했다. 이렇게 하루를 시작하면 신기하게도 충동적인 행동과 판단으로 후회하는 일이 줄어들었다. 순간의 감정에 휩싸여 나중에 후회할 말들을 쏟아내던 습관도 많이 좋아졌다. 아이를 바라보는 마음에도 여유가 생기면서 아이에게 쉽게 화내고 짜증 내던 버릇도 고치게 되었다.

내가 부모 역할을 함에 있어 필사의 힘을 크게 느끼고 나니까 필사는 내 생활에서 미룰 수 없는 일이 되었다. 이제 나에게 필사는 단순히 베껴 쓰기를 넘어서 마음의 평정을 지키기 위해 가장 중요한 일이다.

나에게 필사가 중요한 일이 되면서 주변에도 권하게 되었다. 하지만 하나같이 책을 읽기도 어려운데 필사까지 할 시간은 없다고 말한다. 정말 그럴까? 필사는 20분만 있으면 할 수 있다. 하루에 습관적으로 핸드폰 쳐다보는 시간을 계산해보면 필사를 안 하는 것이지 못 하는 거라고 할 수 없을 것이다. 나도 그동안 의미 없이 핸드폰만 쳐다보며 버린 시간을 생각하면 안타깝고 속상하다. 시간이 날 때마다 한 문장이라도 썼다면 지금보다 더 나은 모습이었을 거라는 아쉬움이 머리에서 떠나지 않는다. 이제는 새벽 시간 말고도 틈틈이 필사하는 시간을 만들기 위해 시간을 짜임새 있게 쓰려 노력하고 있다. 매일 중요한 순서대로 할 일을 계획하고 필사를 위한 20분을 치열하게 지켜낸다. 그래도 시간이 없어서 필사는 할 수 없다는 사람이 있다면 언젠가 책에서 읽고 필사해 두었던 문장을 공유해주고 싶다.

"가장 중요한 결정이란 무엇을 할 것인가가 아니라 무엇을 하지 않을 것인가를 결정하는 것이다."

나에게 시간이 없는 이유를 따져본 적 있는가? 내가 정말 중요한 일들을 하느라 시간이 없는 것인지 하지 않아도 될 일들을 하느라 바쁘기만 한 것인지, 그리고 정작 중요한 일은 놓치고 있는 것은 아닌지 말이다. 나에게 중요한 일을 잘하기 위해 하지 않아도 될 일을 포기하는 것은 가장 중요한 결정이다. 피터 드러커와 스티브 잡스도 효율적인 인생을 강조하면서 무얼 더 하는 것보다 하지 않아도 될 일을 선택하지 않는 것이 중요하다고 강조했다.

필사는 내 삶을 바꿔 놓을 만큼 강력한 의식의 전환을 가져온다. 의식을 바꾸는 일은 한순간에 일어나지 않는다. 억지로 되는 일도 아니다. 이렇게 중요한 일을 할 시간이 없다면 도대체 무슨 일을 하느라 시간이 없다고 하는지 생각해볼 필요가 있다.

급한 일에 쫓겨 바쁘게만 살고 있다면 필사를 시작해보자. 필사를 꾸준히 하면 자신에게 중요한 가치를 실천하며 짜임새 있는 하루를 살 수 있다. 잠깐의 시간을 내어 베껴 쓴 한 문장은 그다음 한 문장을 더 쓰기 위해 흩어져 있는 시간을 챙기도록 만든다. 내 마음에 새긴 문장이 쌓일수록 변화하는 내 모습을 자주 마주하게 되고 그것을 알아차리는 순간이 행복하다고 느낀다. 더 행복해지고 싶고 더 쓰고 싶어진다. 쓰는 시간이 소중하고 간절하기에 하루를 짜임새 있게 쓰며 치열하게 그 시간을 지켜낸다. 필사하며 만난 문장과 그때의 생각들이 내 안 어딘가에 계속 쌓이며 이것이 어떤 순간 지혜의 형태로 꺼내어질 때, 전율을 느낀다.

나는 베껴 쓴 문장들 덕분에 순간순간 감사함을 떠올리며 최선을 다해 살게 되었다. 부모 역할을 배우기 위해 펼쳤던 많은 책도 머리로만 아는 것에 그치지 않고 손으로도 읽으며 내 안으로 깊이 담아냈기에 현명한 부모가 되려는 지금의 노력도 가능했다고 믿는다. 베껴 쓰는 작은 행동은 내 의식과 태도에 큰 변화를 가져왔다. 이렇듯 변화는 대단하고 큰 행동이 만들어내는 것이 아니라 작은 행동에서 시작한다. 작은 행동을 반복하며 느끼는 작은 성취가 계속해서 변화를 만들어 가는 것이라고 생각한다. 아직도 의미를 놓친 채 플래너에 할 일만 한가득 쓰고 지우기를 반복하고 있다면 필사를 시작해보자. 매일 하는 20분의 필사가 내 삶을 중요한 일로 채우고 지속 가능한 삶의 변화를 일으킬 것이다.

쓰기가 내 생활의 중심이다

"아이가 행복한 순간에 내게도 그 행복을 함께 할 수 있는 여유가 허락되어 감사합니다. 그 순간 이것저것 계산하지 않고 마음에 집중할 수 있었습니다. 아이를 키우다 보면 지나온 시간이 후회와 아쉬움으로 사무칠 때가 있습니다. 그 아쉬운 마음을 들여다보면 아이와 물리적 시간은 함께 했지만 내 마음 까지 온전히 함께하지 못했음을 알게 됩니다. 후회와 아쉬움을 남기지 않기 위해 필요한 것은 그저 내 마음의 여유, 그 순간에 진심으로 함께 할 수 있는 마음입니다. 오늘 그 여유가 허락되어 감사합니다."

나의 감사일기다. 오늘 딸아이의 열 번째 생일을 축하하기 위해 친구들과 조촐한 파티를 했다. 항상 가족들의 축하만 받던 아이는 난생처음 친구들의 축하를 받으며 함박웃음을 지었다. 행복하지만 살짝 부끄러워 상기된 아이의 얼굴을 보면서 나는 감사함을 떠올렸고 그 순간을 일기장에 적었다.

나는 잠들기 전 하루를 정리하며 감사일기를 쓴다. 우울과 짜증으로 내가 잠식당한 날에도 무조건 감사한 일 세 가지는 쓰려고 노력한다. 아니 오히려 감사하고 행복한 날보다 이런 날 더 쓰려고 한다. 감사일기는 부정적인 감정에서 벗어나는데 즉각적인 효과가 있기 때문이다. 어떤 사람은 감사일기에 쓸 게 없다고 혹은 너무 억지스럽다고 말하기도 하던데 생각을 조금 틀어보면 어떨까 싶다. 감사일기는 감사할 일이 많아서 쓰는 것이 아니라 감사의 마음을 가지기 위한 그 억지스러운 노력에 의미가 있다. 남편과 다퉈서 기분이 안 좋은 날에도 감사일기를 쓰면서 부정적인 감정에 휘둘리지 않으려 노력하는 자신에게 감사할 수 있고, 오늘 썩 좋은 일은 없지만 그래도 큰 사고 없이 그럭저럭 지낸 것에 감사하기도 한다. 삶을 바라보는 시선이 조금만 바뀌어도 생각보다 감사할 일이 많다는 것을 깨닫게 된다. 감사의 마음을 떠올리면 부정적인 상황에서도 긍정 에너지를 끌어낼 수 있다. 우리는 이 긍정 에너지가 있기에 내일도 꿋꿋하게 살아갈 수 있다고 생각한다.

세계에서 가장 영향력 있는 유명인사로 꼽히는 오프라 윈프리도 자신이 어려운 상황을 극복하고 성공한 비결은 오랜 시간 감사일기를 썼기 때문이라고 말했다.

"감사일기를 쓰면서 내 인생은 완전히 달라졌다. 나는 비로소 인생에서 소중한 것이 무엇인지, 삶의 초점을 어디에 맞춰야 하는지를 알게 되었다."

이렇듯 감사일기를 쓰면 삶을 바라보는 관점이 바뀐다. 감사할 일이 많아서 감사한 것이 아니라 힘든 상황에서도 부정적인 감정에 매몰되지 않고 어떻게든 다시 살아보려는 자신을 발견하면서 감사함을 떠올리게 된다. 그 자체로 감사한 것이다. 힘들지만 의미를 찾아보려 하고, 미워도 이해해 보려 노력하고, 부족하지만 그래도 만족할 것을 찾으며 부정적인 상황과 생각에 나를 빼앗기지 않는다. 이 노력을 매일 반복하면 감사할 것들이 점점 많아져 행복한 순간을 자주 발견하는 삶을 살 수 있다. 감사의 마음을 갖는 것이 행복의 시작이다.

감사일기를 꾸준히 쓰게 된 것은 필사 덕분이다. 매일 20분씩 하는 필사 덕분에 쓰기와 익숙해지게 되었고 이것은 감사일기로 연결되었다. 이제는 익숙함을 넘어 쓰기가 내 생활의 중심이 되었다. 새벽에 필사로 하루를 시작하고 잠들기 전 감사일기로 하루를 마감한다. 그 외에도 틈틈이 메모 하는 습관, 책을 읽고 쓰는 감상글 등 쓰기는 이벤트가 아니라 일상이 되었다.

글쓰기가 있는 삶과 없는 삶은 다르다. 쓰기는 모든 것을 깊이 들여다볼 기회를 제공한다. 그것이 사람이든 상황이든 생각이든 범위를 가리지 않고 어쨌든 쓰면서 그것들에 대한 나의 진짜 생각을 만날 수 있다. 하루에도 수십 가지 생각이 나를 스쳐 가지만 왜 그런 생각을 했고 나에게 어떤 의미가 있는지 따져보기는 쉽지 않다. 하지만 그런 것들을 통해 내가 어떤 사람이고 어떤 가치를 추구하고 무엇을 잘하고 무엇이 문제인지 알게 되기 때문에 쓰기는 삶을 더 깊이 있고 풍요롭게 만드는 중요한 도구라고 생각한다. 이렇게 '나'라는 존재를 진지하게 고민하다 보면 나의 문제에서 직접적인 도움을 받을 뿐 아니라 타인과의 관계도 좋아진다. 남을 이해하는 깊이가 달라지며 절대 안 될 것 같던 공감과 수용도 가능해진다. 사실 쓰기의 가장 좋은 점은 여유가 생긴다는 것이다. 여유가 있어서 글을 쓰는 게 아니라 글을 썼기 때문에 마음에 공간이 생긴다는 걸 경험할 수 있다. 쓰는 날이 늘어갈수록 내 마음의 평정이 허락되는 날도 늘면서 나는 쓰기의 가치를 인정하게 되었다.

글은 누구나 쓸 수 있다. 하는 일이나 처지에 상관없이 자신의 삶을 살아내며 경험하고 깨달은 이야기가 있는 누구나 쓸 수 있다. 그러니 쓰지 못하는 것이 아니라 쓰지 않는 것이라 하는 게 맞을지도 모른다.

그렇다면 왜 쓰지 않는 것일까? 내 경험에 비추어보면 우선 쓰는 것 자체를 특별한 일이라고 생각해서 그런 것 같다. 그러면서도 책을 읽다가 작가의 생각에 주억거릴 땐 나도 누군가와 공감할 수 있는 내 이야기를 써보고 싶다는 마음이 일었다. 생각해보면 나도 다른 사람과 나눌 이야기를 많이 가지고 있었다. 하지만 쓰는 것 자체를 특별한 것으로 여기는 생각이 쓰지 못하게 막았다. 나는 그것을 필사로 해결했다. 내가 공감했던 타인의 생각을 베껴 쓰면서 쓰는 일의 특별함을 허물었다. 쓰기를 타인의 생각을 베껴 쓰는 것으로 시작하면서 자연스럽게 내 생각도 꺼낼 수 있는 도구로 활용할 수 있었다.

쓰지 않는 또 다른 이유는 어색함이다. 요즘은 SNS가 보편화되면서 짧은 글은 자주 쓰는 환경이 되었다. 그래서 짧은 글쓰기는 익숙해지고 거부감도 없는 편이다. 짧은 글쓰기도 쓰기이다. 다만 자주 썼기에 어색함이 사라진 것뿐이다. 조금 긴 글도 이런 식으로 어색함을 없앨 수 있다. 자주 써보면 된다. 긴 글이라고 해서 짧은 글쓰기보다 어렵고 대단한 것을 필요로 하지 않는다. 이것도 필사로 해결할 수 있었다. 처음부터 내 생각으로 긴 글을 쓰려는 부담을 갖지 말고 다른 사람의 글을 베껴 쓰면서 긴 글에 익숙해져야 한다. 필사할 때 책의 한 챕터를 베껴 쓰면 A4 2장 정도의 글이 된다. 이것을 꾸준히 하면 긴 글에 대한 어색함이 사라지고 점점 긴 분량의 글을 쓸 수 있는 자신감이 생긴다. 그리고 어떤 식으로 2장을 채웠는지도 배울 수 있다. 이렇게 연습하면 글의 형식을 갖춘 제법 긴글도 쓸 수 있다.

글은 쓰지 못하는 것이 아니라 쓰지 않는 것이다. 특별하고 재능이 있어서 쓰는 게 아니라 쓰지 않았던 사람이 써보기로 마음을 바꿨기 때문에 쓸 수 있는 거라고 생각한다. 읽는 삶에서 쓰는 삶을 선택하는 것은 대단한 능력을 필요로 하지 않는다. 다만 해보지 않은 것에 대한 어색함과 두려움만 넘어서면 된다. 이것은 필사로 충분히 해결할 수 있다. 다른 사람의 생각을 베껴 쓰는 것으로 시작해서 내 생각을 쓰는 삶으로 나아갈수 있다.

이제 나에게도 쓰는 삶이 존재한다. 더 정확히 말해 쓰기가 내 생활의 중심이 되었다. 예전에는 배우고 얻어서 내 것으로 넣기 위해 책을 읽었다면 이제는 잘 꺼내기 위해 읽는다. 내가 원하는 삶, 내게 중요한 가치, 삶을 대하는 태도의 기준은 쓰기를 하며 나 자신에게 치열하게 묻고 답하면서 얻을 수 있었다. 이런 점에서 쓰기는 평범한 우리 모두가 해야 한다. 특별한 삶을 살기 위해서가 아니라 제대로 잘 살기 위해 쓰고 또 쓰면서 가장 중요한 물음과 직면해야 한다. 치열하게 묻고 답하는 만큼 우리 각자가 원하는 삶에 가까이 갈 수 있다. 나는 오늘도 필사하고 감사일기를 쓰고 이렇게 쓰기를 권하는 글도 쓴다. 오늘부터 당장 쓰는 삶을 선택하자. 그 어떤 선택보다 미루고 있는 일이지만 사실은 가장 중요한 일이라고 생각한다. 쓰는 삶은 진정한 나를 만나게 해 줄 것이고 내가 원하는 삶의 출발점이 될 것이다.

글 쓰듯 말한다

'말하듯이 써라'

글쓰기 방법을 물어보면 자주 듣는 말이다. 보통 글보다는 말이 익숙하고 편하기에 괜히 글 쓴다고 각부터 잡지 말고 평소 말하는 것처럼 편하게 하라는 것이다. 맞는 말이다. 나도 글을 쓰겠다고 노트북의 빈 화면을 쩨려보고 있을 때보다 앞에 사람 한 명 앉혀놓고 말한다고 생각할 때 첫 문장을 쓸 수 있었다. 글을 쓴다고 생각하면 괜히 특별하고 잘해야 할 것 같은 부담이 생기는데 이것은 글쓰기의 가장 큰 적이다. 몸과 마음에 힘이 들어가는 순간 모든 것은 부자연스러운 상태가 되고 생각도 멈춘다. 내가 편안한 상태여야 자연스럽고 솔직한 글이 나온다.

나는 글쓰기를 어려워하지만 말하기도 잘하는 편이 아니라 남 앞에 서면 머리가 하얘진다. 잘한다 못한다의 기준은 내가 하고자 하는 말을 주제에서 벗어나지 않고 논리적으로 펼칠 수 있는가이다. 물론 간단한 의사소통은 하고 살지만 어떤 주제에 대해 깊이 있는 이야기를 주고받거나 상대를 설득해야 하는 상황에서는 말하기에 자신이 없다. 마치 생각이라는 게 마음에 존재하다가 '머리'라는 필터를 안 거치고 나오는 느낌이다. 내가 말을 하면서도 무슨 말을 하고 있는지 헷갈릴 때가 종종 있다.

지난 금요일에도 비슷한 일이 있었다. 금요일 저녁은 특별한 일정이 없으면 남편과 시원한 막걸리를 주고받으며 한 주를 정리한다. 각자의 위치에서 바쁘게 사느라 충분히 공유하지 못한 이야기를 나누다 보면 자연스럽게 서로의 생각을 주고받게 된다. 지난주에는 대선 후보들의 TV 토론이 있어서 같이 보다가 '공정성'에 관한 주제로 이야기를 하게 되었다. 자본주의 체제에서 공정성은 성립되기 어렵다고 생각하는 남편과 내 생각이 조금 달라서 "나는 좀 다르게 생각해."라고 입을 열었다. 내가 생각하는 공정성에 대해 열심히 이야기하는가 싶었는데 어느 순간 내가 무슨 말을 하고 있는지 방향을 잃은 느낌이 들었다. 아니나 다를까 가만히 듣고 있던 남편이 한마디를 던졌다.

"그래서 하고 싶은 말이 뭐야?"

머리가 하얘진다. 나는 장황하게 떠들었는데 무슨 말을 하고 있는지 정작 상대가 모른다.

평소에도 이런 일이 가끔 있다. 내가 하고 싶은 말을 열심히 떠들다 보면 방향을 잃고 딴 길로 가고 있다고 느껴질 때가 있다. 아차 싶어 다시 끌어다가 방향을 잡아 보려고 하면, 하려던 말이 생각이 안 난다. 속이 터진다.

이런 일을 겪으면서 나는 말을 잘하는 사람들을 관찰하게 되었다. 유튜브 채널에서 인기 있는 유명 강사들의 강연도 찾아보고 내 주변에서도 말을 잘하는 사람을 만나면 열심히 관찰했다. 하고 싶은 말을 방향도 잃지 않고 적절한 근거와 예시를 들어가며 분명하게 전하는 사람들이 너무 부러웠다. 그런데 가만 보니 말을 잘하는 사람들은 대체로 글도 잘 썼다. 말을 잘하기 때문에 정말 말하듯이 글이 써지는 것인지, 글을 잘 써서 말도 잘하는 것인지는 모르겠지만 어쨌든 말과 글이 다른 영역의 일 같지는 않았다. 말과 글은 모두 내 생각을 표현하는 일이다. 내 생각이 입을 거쳐 나오면 말이 되고, 손을 거쳐 나오면 글이 되는 것 아닌가. 어쨌든 내 생각을 밖으로 꺼내는 것이라는 본질은 같은 것이라는 생각이 들었다. 그렇다면 내가 글쓰기와 말하기를 어려워하는 이유는 내 생각이 정확하지 않기 때문이 아닐까. 내 생각이 분명하게 있으면 그것을 꺼내는 일은 입을 통하든 손을 거치든 연습하면 될 것이라는 판단이 들었다.

내 생각을 만들고 표현하는 것을 배울 수 있는 확실한 방법은 무엇일까? 바로 필사이다. 필사는 단순히 책에 있는 글자를 베끼는 행위가 아니다. 필사는 눈과 손으로 하는 독서이다. 눈으로 다른 사람의 생각을 읽고 손으로 쓰면서 내 생각을 자극한다. 쓰면 쓸수록 내 생각은 다양해지고 분명해진다. 논리적이고 다양한 생각을 베껴 쓰면서 내 생각도 실체가 생긴다. 책 쓰기 코치로 유명한 송숙희 작가도 최고의 글쓰기 연습법은 베껴 쓰기라고 강조한 바 있다.

"섬세하고 진지한 읽기를 통해 하나의 생각을 메시지로 끌어내는 방법, 메시지를 구조화하는 방법, 구조화한 메시지를 단어와 문장으로 표현하는 방법, 이 모든 것들을 잘 읽히도록 연결하고 조직하는 방법은 베껴 쓰기를 통해 배울 수 있지요."

하루에 20분만 투자해서 남의 글을 베껴 써보자. 펜을 잡고 직접 쓰는 게 힘들다면 타이핑으로 베껴 써도 된다. 중요한 건 방법이 아니라 베껴 쓰는 행동을 조금씩이라도 꾸준히 하는 것이다. 20분을 집중해서 꾸준히 필사하면 '생각'이란걸 하게 된다. 하루 20분의 투자로 나를 위한 가장 중요하고 확실한 투자를 할 수 있다. 이 투자는 마치 복리의 마법처럼 시간이 흐를수록 내 생각의 스펙트럼이 넓어지고 깊어진다. 생각은 또 다른 생각을 낳고 그 생각들은 서로 연결되어 내 생각 그릇을 다양하게 채워나간다. 그것이 차고 넘치면 글도 써지고 말도 잘할 수 있다고 생각한다.

나는 30일 동안 책 한 권을 매일 필사했다. 매일 하기 위해서 새벽 시간을 정하고 일어나면 무조건 필사부터 했다. 그랬더니 불가능할 것 같던 일이 일어났다. 글쓰기 울렁증을 극복하고 내 생각이 담긴 글을 쓸 수 있게 된 것이다. 필사하면서 떠오른 생각이나 감상을 처음에는 짧은 문단 한두 개로 쓰기 시작했는데 필사한 지 60일이 지나자 A4용지 2장을 채우는 글쓰기도 가능해졌다. 이뿐만이 아니다. 말하기가 달라졌다. 갑자기 엄청난 달변가가 된 것은 아니지만 생각을 정리해서 분명하게 표현할 수 있게 되었다. 생각나는 말부터 아무렇게나 나열하는 식이 아니라 핵심을 한 문장으로 정리하고 나서 그것을 정당화하기 위해 거드는 식이다. 예를 들어, 상대방에게 필사가 좋아서 권하는 상황이라고 한다면 "내가 책 읽으면서 필사를 했는데 말하기에도 도움이 되더라. 어떤 도움이 되었냐하면... 첫째, 둘째, 셋째... 그러니까 너도 꼭 필사를 해봤으면 좋겠어. 말하기 능력을 배울 수 있는 쉽고 확실한 방법이야!" 이런 식으로 말하기 시작했다. 마치 내가 글을 쓰고 있는 것처럼 서론에서 핵심을 분명하게 짚고 본론에서 그 이유와 방법에 대해 체계적으로 설명했다. 그리고 결론에서 한 번 더 핵심을 강조했다. 이렇게 말하려고 의도한 것은 아닌데 필사하면서 저절로 익히게 된 것 같다. 이것이 익숙해지니 자연스럽고 분명하게 내 생각을 표현할 수 있었다. 이제는 남편에게서 하고 싶은 말이 무엇이냐는 말은 듣지 않게 되었다. 나는 글 쓰듯 말한다.

말과 글은 하나라고 생각한다. 꺼내는 형태는 다르지만 내 생각을 꺼낸다는 본질은 같다. 꺼내려면 넣어야 한다. 그래서 글을 잘 쓰기 위해서도, 말을 잘하기 위해서도 나는 깊이 읽기의 방법으로 필사를 권하고 싶다. 눈으로만 하는 독서는 지식을 얻는 데에 그치지만 손과 함께 하는 독서는 지식 이상의 것을 만들어 냈다. 베껴 쓰는 행위 자체가 생각을 자극한다. 남이 써놓은 생각을 빌려 내 생각을 이끌어 내고 계속해서 다른 생각과 연결된다. 베껴 쓰기를 반복하면 생각하는 훈련이 되며 점점 내 생각을 구체화 시킬 수 있다. 나는 글쓰기가 두렵지만 말하기도 서툰 사람이었다. 그런데 필사하며 분명한 내 생각을 만들고 이것을 손과 입으로 꺼내는 방법을 알게 되었다. 나는 이제 말하듯 글을 쓰고, 글을 쓰듯 말한다. 말하기를 배우고 싶으면 필사부터 해보라고 권하고 싶다. 말하기의 기술은 꺼내는 것이 아니라 담는 것에 달려있다. 필사는 최고의 인풋인 동시에 아웃풋이다. 내 안에서 잘 버무려진 생각은 입을 통해 멋지게 아웃풋 될 수 있다. 잘 읽고 잘 베껴 쓰면 말도 잘할 수 있다는 사실을 기억했으면 좋겠다.

필사는 내 안의 위대함을 깨운다

　자신에게 만족하고 사는 사람이 얼마나 될까? 우리나라 사람들은 겸손이 미덕이라고 배우고 자라서 그런지 타인에게는 후하면서 자신에게는 박한 편이다. 본인 스스로가 열심히 노력해서 얻은 결과에 대해서도 그 노력과 성과를 인정하기보다는 그저 운이 좋았다고 말하는 것을 볼 때면 무조건 자신을 낮추고 보는 것이 국민적으로 심각한 고질병이라는 생각도 든다. 나도 예외는 아닌지라 남들이 하는 칭찬에 나 자신을 인정하고 치켜세우는 일이 거의 없다. 매번 '어쩌다 운이 좋았어. 내 실력이 아니야.' 자조하고 의심하는 편이라 성취감을 느낄 기회가 적어 아쉬울 때가 많았다. 그래서 꾸준한 필사 덕분에 글쓰기의 벽을 허물게 된 이번 경험이 더욱 큰 의미로 다가온다. 그 과정을 통해 살면서 자주 느끼지 못했던 성취를 경험했고, 열심히 노력한 나 자신도 인정해줄 수 있었다. 남의 글을 베껴 쓰는 거라서 단순하고 별것 아니라고 생각했던 필사였는데 이 작은 행동을 반복한 결과는 내 안의 위대함을 깨우는 계기가 되었다.

"작고 점진적인 변화를 알아보는 것은 어려운 일이지만, 그러한 것들이 축적되면 커다란 변화로 이어질 수 있다."

언젠가 책에서 보고 필사해 둔 이 문장은 이번 경우에도 해당하는 말이다. 필사하는 순간에는 알아차리지 못했지만 그것을 반복한 시간이 쌓여 만들어 낸 변화는 나에게 숨겨진 위대함을 찾게 해 주었다.

4년 전부터 꾸준히 책을 읽어왔는데 최근에는 내 이야기도 글로 꺼내고 싶은 마음이 생겼다. 하지만 나는 그 마음을 대면할 용기가 없었다. 글을 써보지 않아서 글쓰기는 그냥 어려운 것이었다. '그냥' 어렵다는 것은 생각보다 넘기 어려운 벽이었다. 이유도 모르면서 무조건 어렵다고 박혀버린 내 생각은 어렵지 않은 이유를 찾아내도 쉽게 깨지지 않았다.

'학교 다닐 때 일기라도 계속 써볼걸.' 후회가 밀려왔다. 머리에 흩어져 있는 생각이 매번 생각으로만 존재하다가 사라지는 게 아쉬웠다. 그 생각을 잘 써보고 싶지만 쓰는 것 자체가 어색해서 시작하기조차 쉽지 않았다. 잘 쓰려는 욕심은 차치하고 글쓰기에 대한 어색함 과 거부감, 두려움부터 없애야 했다.

책이 쓰고 싶은 마음에 필사부터 시작해서 벌써 10권의 책을 써낸 나애정 작가님을 알게 되었다. 작가님은 책을 못 쓰는 이유가 긴 글을 써보지 않았기 때문이라고 생각했다고 한다. 그래서 그냥 남이 쓴 책을 베껴 썼다고 한다. 단순하지만 참 기발한 생각이다. '내가 글을 쓸 줄 모르면 남이 써놓은 글이라도 베껴 쓰면 되는 거 아니야?'라고 접근한 것인데, 이 이야기를 듣고 나는 왜 이런 생각을 하지 못했나 싶었다. 글쓰기가 어색한 사람은 내 생각을 쓰는 행위 자체가 어렵고 부담스럽다. 처음부터 내 글을 써야 한다는 욕심을 내려놓고 남의 글을 베껴 쓰면서 쓰기의 어색함부터 없애야겠다고 생각했다. 나도 필사를 시작하기로 했다.

필사에 관한 책을 필사했다. 하루에 한 챕터씩 A4 두 장 반 정도 되는 글을 타이핑으로 베껴 썼다. 필사라는 주제에 관심이 있고 현재 필사를 하고 있어서 그런지 내용도 잘 들어오고 무엇보다 글의 형식이 보이기 시작했다. 사실 처음에는 글자만 베껴 쓰고 있다는 생각에 '과연 이게 내 글을 쓰는 데 도움이 될까?' 하는 의심도 했었다. 하지만 필사를 통해 글쓰기를 배웠고 책도 10권이나 썼다는 작가님을 믿고 계속 밀고 나갔다. 30일을 반복하니까 글쓰기의 어색함은 이미 사라지고 없었다. 끝까지 넘지 못할 것 같던 쓰기에 대한 거부감과 두려움도 '내 글을 얼른 써보고 싶다'는 바람으로 바뀌어 있었다. 단순히 필사만으로 이런 마음이 생긴 것도 신기하지만 글쓰기에 대한 방법을 나름대로 몸에 익히게 된 것이 더 놀라웠다. 서론, 본론, 결론으로 글을 전개하는 방식을 남의 글을 베껴 쓰면서 자연스럽게 배우게 된 것이다. 필사를 시작한 지 60일이 지나자 내 생각을 쓰는 일이 꽤 자연스러워졌다. 책을 읽다가도 떠오르는 생각이 있으면 휘발되기 전에 뭐라도 쓰고 싶었다. 의심이 드는 순간에도 그냥 꾸준히 베껴 쓰다 보니 점점 더 긴 분량의 내 글도 쓸 수 있게 되었다.

이렇게 글쓰기를 하게 되면서 내 안에 있는 또 다른 위대함을 믿어보고 싶었다. 새벽에 글쓰기를 시작하면서 그동안 미뤄두었던 달리기도 시도해보기로 했다. 더운 시간대를 피해 시원한 새벽에 집 근처 공원을 걷고 달렸다. 나는 건강을 가장 중요하게 여기기 때문에 운동해야 한다는 강박이 늘 있었다. 그래서 아이들이 학교에 간 시간에 요가도 배워보고, 헬스장도 다녀봤지만 꾸준히 하지는 못했다. 운동을 위해 준비해서 거기까지 가는 일이 생각보다 쉽지 않았다. 그런데 달리기는 운동화만 신고 집 근처 공원으로 나가면 되니까 꾸준히 할 수 있을거라 기대하며 글쓰기를 배우기 위해 필사를 시작했던 것처럼 가볍게 시작해보았다.

나는 아이들을 연년생으로 낳고 키우며 나를 돌보지 못해 자주 아팠다. 감기를 한번 앓으면 축농증과 중이염으로 병세가 악화되어 꼬박 한 달 이상 항생제를 복용했다. 그 패턴은 면역력이 조금만 떨어져도 반복됐다. 축농증과 중이염은 고통이 심해서 아프기보다는 계속 코가 차서 불편하고 귀가 먹먹해서 소리가 안 들리기 때문에 힘든 질환이다. 그리고 항생제를 오래 복용하면 무기력하고 우울해져 삶의 질이 급격히 떨어진다. 감기 한번 걸리면 잘 낫지 않으니 너무 힘들고 속상했다. 의사 선생님은 아이들을 키우느라 힘들어서 면역력이 떨어진 것 같다고 하루에 30분 이상 운동을 꾸준히 해서 체력을 만들어야 한다고 강조했다. 그래서 운동을 해야한다는 생각이 숙제처럼 따라다녔다.

달리기를 시작했을 때도 처음부터 욕심내지 않았다. 사실 욕심을 낼 수가 없었다. 걷는 것은 한 시간도 하겠는데 달리기는 5분도 어려웠다. 빨리 달리는 것도 아닌데 금방 숨이 차서 심장이 터질 것 같았다. 어쩔 수 없이 5분 걷고 1분 달리기를 반복했다. 달리는 속도도 걷는 건지 달리는 건지 애매할 정도로 무리하지 않았다. 그렇게 5세트를 반복하니 딱 30분이 지났다. 매일 새벽 6시에 나와서 30분씩 했는데 체력이 조금씩 좋아지는 게 느껴졌다. 달리기가 견딜만하면 걷기를 줄이고 달리기를 늘리는 식으로 꾸준히 하려고 노력했다. 벌써 1년째 달리기를 하고 있는데 이제는 30분을 내리 달릴 수 있게 되었다. 5킬로가 조금 넘는 거리를 중간에 쉬지 않고 일정한 속도로 달리고 있다.

여름과 가을은 달리기하기에 좋은 날씨였지만 겨울이 되면 추워서 도저히 새벽 달리기는 어려울 것 같았다. 추위를 많이 타는 편이라 겨울이 오는 것이 두려웠다. '조금이라도 덜 추운 낮에 달릴까? 아니면 헬스장에 가서 러닝 머신을 탈까?' 하며 겨울이 오기 전부터 달리기를 걱정했다. 그러다가 겨울이 찾아왔고 결국 어떤 대안도 찾지 못하고 나는 하던대로 운동화를 신고 나갔다. 그런데 옷을 단단히 껴입고 장갑까지 끼고 나가서 그런지 새벽 시간인데도 생각보다 춥지 않았다. 그리고 막상 달리기 시작하니 금세 더워져서 껴입은 옷을 벗고 싶었다.

'아~ 역시 무슨 일이든 직접 해 봐야 아는 거구나. 겨울에도 달리기가 가능한 거였네.'

나는 겨울에도 새벽 달리기를 이어가기로 했다.

해보지 않은 사람들은 나를 지독하다고 말하기도 한다. 불가능한 일을 이를 악물고 독한 의지로 버텨냈다고 생각하기 때문이다. 하지만 내가 직접 겪어보니 불가능한 일이 아니다. 해보지 않았기 때문에 자신이 얼마나 위대한지 모르는 것뿐 이라고 생각한다.

나는 달리기를 시작한 이후로 병원에 가지 않았다. 환절기마다 찾아오던 감기도 걸리지 않았고 축농증, 중이염으로 고생도 하지 않았다. 매일 30분씩 달리면서 호흡기가 튼튼해지고 체력도 좋아지면서 면역력이 향상되어 그렇다고 한다. 새벽마다 운동화를 신고 나서기 전까지 '오늘은 쉴까'하는 갈등이 매일 반복 되지만 오늘 하지 않으면 내일도 할 수 없을 거란 생각으로 마음을 다잡는다. 아프지만 않다면 매일 운동화를 신고 나가는 일쯤이야, 즐거운 마음으로 해보자고 생각한다. 오늘도 어김없이 영하 13도의 날씨에도 운동화를 신는 나를 보면서 조금 쑥스럽지만 위대하다고 느꼈다.

필사를 시작한 후로 하루의 시작이 달라졌다. 기상 후 노트북을 켜고 글쓰기로 하루를 연다. 일기도 쓰고, 책을 읽고 감상을 적기도 하고, 주제를 정해서 내 생각을 펼쳐보기도 한다. '내 안의 위대함은 또 뭐가 있을까?' 이 생각이 스치면서 입꼬리가 수줍게 올라간다. 글쓰기를 두려워하던 사람이 글쓰기로 하루를 시작하고, 매일 새벽 공기를 가르며 달리기를 즐기고 있는 모습은 상상도 못 했던 일이다. 가볍게 시작했던 필사가 만들어 낸 꿈만 같은 일이다.

나는 작가가 되는 꿈도 가져본다. 예전에는 작가가 글쓰기 재능을 타고

난 특별한 사람의 영역이라 생각했는데 필사를 하고 나서는 나에게도 충분히 가능한 일이 되었다. 작가는 다른 사람과 나누고 싶은 나만의 이야기가 있는 사람이라면 누구나 될 수 있다. 내가 필사를 통해 내 안의 위대함을 발견한 것처럼 누구에게나 발견하지 못한 위대함이 있을 것이라 생각한다. 위대함을 깨우는 것은 재능이 아니라 작은 행동을 실천하는 것이다. 작가가 된 사람들은 책을 쓸 수 있는 사람이라서 쓴 것이 아니라 쓰기 위한 방법을 고민하고, 쉬운 방법을 찾아 그것을 실천으로 옮겼기에 가능했던 것이라고 믿는다. 내 글을 쓰기 위한 방법으로 필사만한 것이 없다. 필사는 작가가 되는 지름길이자 쉬운 길이라 말하고 싶다. 필사를 통해 숨겨진 자신의 위대함을 깨우시길 바란다.

작가처럼 산다

새벽에 일어나면 한 시간 정도 글을 쓴다. 이렇게 말하니까 내가 마치 작가 같지만 나는 글쓰기를 해본 적도 없고 최대한 피하고 살았던 평범한 사람이다. 다만 매일 2장씩 책을 베껴 쓴 덕분에 글쓰기가 조금은 편해졌고 계속 쓰다 보니 어쩌다 쓰는 일이 좋아져서 글쓰기로 하루를 시작하고 있다.

엄마의 삶은 비슷하다. 아이들을 챙기느라 종종거리다 보면 커피 한 잔도 편하게 마시기 어려운 현실에 억울함이 밀려오기도 한다. 나는 이 억울함이, 종이 위에 내 마음을 꺼내기 시작하면서 조금 옅어진다고 느꼈다. 내가 원하는 것과 그것을 원하는 마음을 글로 표현하면서 나를 더 이해하게 되었고 충족되지 못했을 때의 내 마음도 알아차릴 수 있었다. 글쓰기를 통해 나를 알아가게 되면서 내가 맡은 역할들에 대한 부담도 많이 내려놓을 수 있었다. 좋은 엄마, 좋은 아내가 되기 위해 지식과 요령을 배우려 애썼던 지난날을 돌아보면서 더 중요한 것을 놓치고 있었음을 알게 되었다. 나의 욕구와 충족되지 않은 내 마음을 알아주며 나를 돌보는 일이 먼저라는 사실을 깨달았다. 있는 그대로의 나를 받아들이니 삶을 대하는 마음도 한결 편안해졌다. 그래서 나는 새벽잠을 포기하면서까지 나를 만나기 위해 이 시간을 간절히 지켜내고 있다.

글쓰기의 시작은 필사였다. 처음부터 내 생각을 글로 표현한다는 것은 너무 어렵고 부담스러웠다. 그래서 남의 글을 베껴 쓰기 시작했다. 물론 베껴 쓴다고 갑자기 글쓰기 실력이 향상된 것은 아니었지만 글쓰기의 두려움은 확실히 없어졌다. 베껴 쓰기도 결국은 내 글쓰기로 연결되었다. 남의 글을 베껴 써도 행간마다 내 생각이 만들어졌고 이것을 반복하며 시간이 쌓이면 내 생각을 꺼낼 수 있는 능력이 생겼다. 이렇게 만들어진 생각을 천천히 꺼내어 쓰다 보면 그게 그냥 솔직한 내가 담긴 내 글이었다. 남의 글만 베껴 쓰다가 내 글을 쓸 수 있게 되었을 때, 신이 나서 계속 웃음이 나왔다. 하루에도 몇 번씩 SNS에 짧은 글을 올리며 생각을 자랑했다. 내 생각을 글로 표현한다는 게 즐거운 일이라는 걸 처음 느꼈다. 그런데 사람 마음이 참 간사한 게 쓰기가 조금 편해지니까 빨리 잘 쓰고 싶었다. 그래서 필사를 멈추고 글쓰기 요령을 배우는 강의를 신청했다. 강의만 들으면 내가 좋아하는 작가들처럼 멋진 글을 쓸 수 있게 될 거라는 생각에 마음이 조급해졌다. 하지만 안타깝게도 그 생각은 착각이었다. 강의를 다 듣고도 A4 한 장에 내 생각을 담아내는 게 안 되는 것을 보면서 그동안 열심히 필사하면서 만들었던 자신감마저 사라지고 글쓰기는 역시 어려운 것이라는 생각만 확인해야 했다.

글을 잘 쓰려면 요령이 급한 게 아니라 책을 읽는 것처럼 자주 써야 한다. 글쓰기는 글쓰기로밖에 배울 수 없다. '글을 잘 쓰고 싶다'는 간절함으로 글쓰기 관련 책을 읽고 꾸준히 필사하며 직접 써보면서 알게 된 사실이다. 가능하면 매일 써야 한다. 그리고 '잘' 쓰는 것은 매일 쓰면 자연스럽게 해결될 문제였다. 직접 쓰지는 않고 요령을 읽기만 하면서 글을 잘 쓰고 싶다고 바라는 것은 마치 수학 시험을 앞둔 학생이 문제를 풀어보는 연습은 하지 않으면서 남이 풀어놓은 풀이만 보고 시험을 잘 치려고 하는 상황과 비슷하다. 수학 문제를 잘 풀고 싶으면 많은 문제를 직접 풀어봐야 하는 것처럼, 글을 잘 쓰고 싶으면 직접 많이 써봐야 한다. 글쓰기를 잘하는 방법은 많이 써보는 것뿐이다. 나는 빨리 잘 쓰고 싶다는 욕심을 내려놓고 쓰는 습관부터 만들기 위해 다시 필사를 시작했다. 남이 써놓은 글을 부담 없이 베껴 쓰면서 글쓰기를 내 일상에 완전히 들여야 했다. 다행히 필사를 꾸준히 하면서 매일 글을 쓰는 일이 가능해졌다. 다시 글쓰기의 즐거움을 되찾았고 이제는 조급함에 흔들리지 않고 꾸준히 필사와 글쓰기를 병행한다. 글을 잘 쓰기 위한 방법은 계속 쓰는 것뿐이라는 사실을 깨닫고 작가처럼 글쓰기로 하루를 시작하고 있다.

요즘은 다른 작가님들과 공저를 쓰느라 나의 온 신경이 책 쓰기에 집중되어 있다. 책 쓰기 관련 책을 읽는 것은 기본이고 내가 쓰려는 주제와 관련된 여러 작가의 책을 끼고 산다. 우리 집에는 TV가 없어서 내가 영상을 보는 일은 설거지 할 때 핸드폰으로 틀어놓는 강연이나 다큐멘터리가 전부인데 최근에는 유명한 작가나 강사의 글쓰기 강연을 보면서 설거지를 한다. 글쓰기 강연에 푹 빠져있는 나를 보면 설거지하는 시간이 아까워서 영상을 보는 것인지, 영상을 보기 위해 설거지를 하는 것인지 헷갈리기도 한다.

이뿐만이 아니다. 아이들을 따라 놀이터에 가면 예전에는 놀고 있는 아이들을 바라보고 있거나 핸드폰을 만지작거렸는데 어제는 책의 목차가 적힌 종이를 보면서 어떤 이야기를 쓸까 고민했다. 추운 것도 모르고 뛰어노는 아이들 곁에서 꽁꽁 싸매고 앉아 꼬깃해진 종이를 간절하게 바라보고 있는 내 모습이 사뭇 작가 같다는 생각에 피식하고 웃음이 삐져나왔다. '뭐지? 내가 작가처럼 살고 있네? 작가가 뭐 특별한 건가? 글을 잘 써서 작가가 아니라 종일 읽고 쓰는 일에 빠져 살고 있으면 작가가 아닐까? 그러니까 책도 많이 쓰게 되는 거겠지.' 생각해본다.

작가와는 관계없는 일을 하다가 작가로 살게 된 사람들의 이야기를 읽었다. 그들에게는 공통점이 있었다. 쓰기 전부터 많이 읽기도 했지만 읽으면서 반드시 쓰기도 같이 했다는 사실이다. 일기의 형태였든 감상문의 형태였든 읽으면 반드시 썼다. 쓰기 위해 의식적으로 노력한 사람도 있고 읽은 것이 차고 넘쳐서 저절로 쓰게 된 사람도 있었다. 어쨌든 타고난 재능으로 어릴 때부터 글쓰기를 잘해서, 혹은 글쓰기와 관련된 학과를 전공해서 작가가 된 사람은 거의 없었다. 그냥 자주 썼기에 글쓰기를 좋아하게 되었고 작가가 되었다.

나도 이제는 매일 쓴다. 빨리 잘 쓰겠다는 생각보다는 그냥 매일 쓰는 것 자체를 즐기려고 노력한다. 하루에 2장씩 필사하면서 매일 쓰는 습관을 만들었고 그 후로도 계속 쓰면서 내 글도 쓰게 되었다. 잘 써서 인정받으려는 마음을 내려놓고 매일 내 생각을 써보는 것에 의미를 두고 있는데, '잘쓴다 못쓴다'는 평가에서 자유로워지니 쓰는 일 자체를 즐길 수 있었다. 또한 글 쓰는 일 자체가 나를 알아가는 과정이고 그 과정을 거치면서 내가 계속 성장하고 있다는 느낌도 글쓰기를 꾸준히 즐길 수 있는 이유가 된 것 같다. 이제는 읽고 쓰는 일이 내 삶 자체가 되었다.

　매일 읽고 쓰는 일을 반복한다. 특히 '쓰기'가 내 삶에 완전히 자리 잡았다. 만약 글쓰기를 누가 시켜서 하는 것이었다면 매일 할 수 없었을 것이다. 글쓰기는 쓰는 일 자체가 나를 위한 일이다. 쓰면서 만들어 낸 결과물도 의미 있지만, 쓰면서 일어나는 변화가 진짜 즐거움을 준다. 솔직한 나와 만나는 순간은 저절로 힐링이 된다. 부끄럽고 후회되는 어제의 내 모습도, 불편하고 화나는 내 마음도 들여다보고 어루만질 용기가 생긴다. 오늘의 나에게 괜찮다고, 어제보다 나은 오늘을 살아갈 수 있다고 진심으로 격려할 수 있다. 그 순간을 즐기다 보면 점점 자라고 있는 내가 만족스럽고 현재의 내 삶도 꽤 괜찮게 느껴진다. 그래서 글쓰기를 그 자체가 성찰이고 성장의 과정이라고 하는가 보다.
　쓰는 일이 즐겁다. 필사로 시작된 글쓰기는 내 삶을 긍정적으로 바꾸어 놓았다. 쓰지 않던 삶에서 쓰는 삶을 선택하는 순간 내 삶의 많은 것들이 가능해졌다. 그것은 엄청난 용기와 대단한 결심에서 시작된 것이 아니라 필사라는 단순한 행동이었다. 필사로 글쓰기의 두려움을 없애고 꾸준히 글쓰기를 반복하면 누구나 작가로 살 수 있다. 작가와 작가가 아닌 사람의 차이는 '쓰기'를 시작했는지와 하지 않았는지의 차이뿐이다. 작가가 되고 싶다는 생각만 하지 말고 가볍게 필사부터 시작해보자. 백지 울렁증이 있던 내가 필사 덕분에 글쓰기를 즐기고 작가의 삶을 살게 되었다는 사실을 한 번 더 강조하고 싶다.

제4장
어제와 다른 나로 매일 태어난다

임미선

데일리 루틴에 필사를 추가해라

"당신의 미래는 당신의 일상에서 발견됩니다.
성공한 사람들은 다른 사람들이 가끔 하는 일을 매일 한다."
– 폴라 화이트

나는 개인 시간을 조금이라도 더 가지기 위해 새벽에 일어난다. 새벽 시간에는 주로 자기 계발에 몰입하고 있다. 새벽 루틴을 유지한 지 몇 해가 흘렀다. 루틴이 익숙해지면서 초기에 느꼈던 그 설렘과 기쁨이 조금씩 사라졌다. 지루해질 무렵 한 권의 책을 읽고 그 책을 처음부터 끝까지 필사했다. 하루에 A4, 2장 반 정도의 분량을 매일 필사하기로 했다. 내가 하는 필사는 펜으로 노트에 직접 하는 것이 아니다. 한글 프로그램을 실행하고 직접 키보드로 타자하는 것이다. 펜을 사용해서 손글씨로 노트에 필사하면 시간이 오래 걸린다. 하지만 타이핑 하면 생각보다 빨리 A4 2

장 반의 분량을 완료할 수 있다. 책 한 권 필사는 읽고, 쓰는 것에 관심이 많은 나에게 상당히 신선했다.

책 필사를 성공적으로 완료하고자 매일 습관 목록에 한 꼭지 필사를 추가했다. 한 꼭지는 책을 쓸 때 소주제로 분량은 A4 2장 정도를 말한다. 처음에는 다소 부담스러운 양이었다. 하지만 매일 일주일 동안 실행해 보니 소화할 수 있는 분량이었다. 책 한 권 필사를 완료한 날은 마치 내가 저자가 되어 책을 완료한 느낌이 들 정도로 뿌듯했다. 처음 접하는 기쁨이었다. 게다가, 필사를 해보니 여러 가지 장점을 느낄 수 있었다. 내가 생각하는 필사의 장점은 다음과 같다.

첫째, 매일 필사한 결과물을 보고 성취감을 바로 느낄 수 있었다. 요즘은 각자의 스타일로 루틴을 만들거나, 커뮤니티를 만들어 여러 명이 함께하는 루틴으로 하루를 알차게 보내는 사람들이 많다. 나의 경우는 개인 루틴과 그룹루틴을 동시에 하고 있다. 하지만 나의 기존루틴에는 책 필사가 포함되어있지 않았다. 나의 성장루틴은 세 부분으로 영어 성경 필사, 운동, 독서이다. 이 루틴은 꾸준히 3년째 유지해오고 있다. 영어 성경 필사는 노트에 한 페이지 분량으로 필사하고 있다. 3년이라는 시간이 흐르니 그 두꺼운 성경책 한 권을 여러 번 읽고 기록할 수가 있었다. 현재 나는 호주에 살고 있다. 영어권 나라에 살고 있지만, 영어에 대한 울렁증이 심했다. 사람들 앞에서 말하기가 힘들었다. 하지만 꾸준한 필사로 영어에 대한 자신감이 생겼고 영어 읽기에도 두려움이 사라졌다.

루틴을 통해 성장한 나의 모습을 인지하기까지는 많은 시간이 걸렸다.

포기하고 싶은 마음이 생길 때는 목표를 수정했다. 루틴 순서를 바꾸기도 하고 효과가 없는 루틴은 목록에서 삭제하기도 했다. 욕심이 과한 나머지 무리한 목표 설정으로 과부하가 걸리기도 했다. 내가 소화할 수 있는 분량으로 목표를 조금씩 재정비해야만 했다. 그 과정에서 책 한 권 필사는 매우 산뜻한 루틴으로 자리 잡을 수 있었다. 집중해서 필사하면 넉넉히 30분 정도의 시간이 걸린다. 필사한 내용 중 공감 문장을 나의 메시지를 담아 짧은 글을 쓰고 인스타에 올리면 모두 45분 정도의 시간이 걸린다. 필사를 마치고 파일이름을 당일 날짜로 저장한다. 일일 목표를 완료했다는 성취감을 바로 느낄 수 있는 순간으로 기분 좋게 남은 하루를 보낼 수 있다.

둘째, 필사를 매일 하면 글쓰기 근육을 기를 수 있다. 글쓰기를 잘하려면 글쓰기 근육을 단련해야 한다. 그런데 그 글쓰기 근육은 짧은 시간에 쉽게 만들어지는 것이 아니다. 규칙적이고 반복적인 지루함을 극복해야 글쓰기 근육도 생긴다. 몸에 근육을 만드는 것처럼 말이다.

오후 4시 이후가 되면 체력이 서서히 바닥이 난다. 체력을 개선하기 위해 아이들을 학교에 데려다주고 20분 산책하고 출근했다. 걸으면서 나무와 하늘을 보니 조금씩 머리가 맑아졌다. 반면 다리는 당기고 가슴이 답답하고 발바닥도 아팠다. 쓰지 않은 근육을 쓰니 이곳저곳에서 신호를 보냈다. 출근 전 산책이 익숙해지면서 다른 일로 산책하지 못한 날은 소화도 안 되고 몸도 상쾌하지 않은 단점들이 나타났다. 규칙적인 산책을 지속하다 보니 시간을 만들어 산책하지 않으니 몸도 맘도 불편해졌다. 필사도 마찬가지인 것 같다. 막연했던 필사가 자리를 잡으니 필사하지 않으면 어딘가가 허전한 느낌이 들었다. 책 속의 내용을 손으로 작성하고, 머리에도 기록하니 두 번 쓰는 효과를 얻을 수 있었다. 그 결과 책 내용 중 감상 글을 쓴 문장은 오래 기억에 남았다. 그리고 그 감상 글을 쓰면서 글쓰기 능력이 향상되었다. 매일 반복적인 필사로 글쓰기 근육이 생긴 것이다.

셋째, 필사를 데일리 루틴에 추가하면 하루를 알차게 보낼 수 있다. 책 필사를 루틴에 추가하면서 아침 5시부터 저녁 10시까지 나의 루틴을 재정비하였다. 필사를 위한 1시간을 만들어야 했다. 몰입이 필요한 시간이라 정신이 맑고 조용한 새벽 시간에 하기로 했다. 새벽 시간에 있던 다른 루틴들은 핸드폰 쓰면서 낭비하는 시간에 대체했다. 그동안 해오던 새벽 루틴은 익숙해져서 독서를 제외한 나머지 루틴은 시간과 장소에 영향 없이 잘 유지할 수가 있었기 때문이다. 실행해보니 놀랍게도 그냥 흘려보내는 자투리 시간이 많았다. 필사 루틴을 추가하면서 돈과 시간 낭비를 줄일 수 있게 되었다.

넷째, 필사하면서 삶을 대하는 자세도 긍정적으로 바꿀 수 있다. 나는 성격이 좀 급한 편이다. 실행보다 마음이 앞서서 매사가 조급하다. 루틴을 효과적으로 관리하는 방법으로 정해진 시간에 목표를 완료하는 것이다. 필사할 때도 시간을 정해놓고 실행하니 몰입해서 보다 빨리 완료할 수 있었다. 하기 싫던 일도 실행할 시간을 타이머로 10분을 정해두고 하면 보다 빨리 완료할 수 있었다. 그 이후로는 무엇을 하든 시간을 정해놓고 하는 습관이 생겼다. 그 결과 '할 수 없다'라고 생각했었던 일을 '할 수 있다'라는 생각으로 바꿀 수 있었다.

이처럼 데일리 루틴에 필사를 추가하여 얻는 장점이 많다. 나의 첫 책 한 권 필사는 습관이 형성되기까지 많은 시간이 걸렸지만 새로운 것을 하는 즐거움이 있었다. 그야말로 참신한 경험이었다. 첫 시작은 누구나 낯설고 두려울 것이다. 하지만 하고 싶은 마음을 가지고 반복해서 시도해야 한다. 오늘 계획했는데 하지 못했다면 내일 또 시작하면 된다. 오늘 한 문장 필사했다면 내일은 두 문장 필사하면 된다. 몸도 마음도 가벼워지기 쉽게 시작하면 된다. 필사, 망설이지 말고 '일단 한번 시작해' 보라고 권하고 싶다. 필사를 시작하면서 해결되지 않은 걱정거리로 고민하는 시간을 조금씩 줄일 수 있다. 한 단계 자기 자신을 성장시키는 씨앗은 바로 필사가 아닐까 생각한다. 필사를 데일리 루틴으로 추가하여 다양한 긍정적인 경험을 꼭 해보시길 바란다.

필사는 인풋에서 아웃풋으로 가는 지름길이다

"해보지 않고는 당신이 무엇을 해낼 수 있는지 알 수 없다."
-프랭클린 아담.

　기상 후 핸드폰 메시지를 확인하면서 하루를 시작한다. 중요한 내용
도 있지만 그렇지 않은 내용도 많다. 그런데도 습관적으로 이메일, 소셜
미디어 내용을 목적 없이 확인하면서 그 플랫폼에 이끌려 핸드폰을 놓을
수가 없다. 당장 필요로 하지 않는 내용을 나의 의지와 상관없이 알고리
즘에 이끌려 계속 확인한다. 그런 자신을 모르고 있다가 시간이 흐른 후
에야 핸드폰을 끊임없이 보고 있는 자신을 발견하곤 한다. 하루에도 엄
청난 양의 정보가 쏟아져 나오고 있다. 나의 경우 정보를 받아들이기만
하지 정보를 제공하는 일을 해보지 않았다. 궁금한 내용이 있으면 유튜

브에 검색해서 정보를 습득하는 것에 익숙해져 있었다. 하지만 내가 아는 정보를 다른 사람들에게 설명하거나 공유하기 위해 유튜브 영상을 발행해 보지 않았다. 유튜브에서 나오는 영상을 보고 답글도 잘 달지 않았다.

이렇게 나는 핸드폰을 검색한 정보를 받아들이는 데 주로 사용하고 있다. 간단한 답글이라도 썼다면 표현하는 힘을 기를 수도 있었을 것이다. 표현이 서툴다는 이유로 그것조차 잘 하지 않고 그저 기계를 통해 정보를 받아들이는 것에만 시간을 보냈다.

격정거리에 대한 잡념을 잠시 잊기 위해 독서를 시작했다. 나는 이민해서 16년째 호주에 살고 있다. 그래서 현지에서 한글책 구매가 쉽지 않다. 한글책을 우편으로 받거나, 한국을 다녀올 때 여러 권 구매해 와서 읽었다. 그렇다고 영문 서적을 읽기에는 나의 영어 실력에 한계가 있었다. 최근에 전자책 월 정액권이 해외 결제가 되는 앱이 생기면서 다양한 책을 온라인에서 접할 수 있게 되었다. 월 정액권에서 제공하는 책 중, 읽고 싶었던 책을 다운로드 받아 읽을 수 있게 되었다. 한글책을 읽으니 부담 없이 읽고, 이해할 수 있어서 너무 좋았다. 몰입이 얼마나 잘 되는지 관심 분야의 책이 아니어도 한글이라는 이유만으로 내용이 머리에 쏙쏙 들어왔다. 직장에서 받은 스트레스를 퇴근 후 책을 읽으면서 다른 곳으로 시선을 돌려 힘든 생각을 잊을 수 있었다. 영어 때문에 받은 스트레스도 풀리는 기분이었다. 나에게 스트레스 해소법으로 독서만큼 좋은 것이 없었다. 복잡한 생각을 차단하고 책 속으로 몰입할 수 있으니 말이다. 꾸준히 읽고 또 읽었다.

책 속에서 다른 사람들의 경험과 방법을 통해 좀 더 효과적인 독서법을 배울 수 있었다. 그렇게 적용해보면서 나만의 독서법을 찾았다. 급기야 '1일1독'도 가능하게 되었다. 신이 났다. 그래서 계속 읽었다. 나중에는 나 혼자 경쟁하듯 '1일1독'을 안 하면 큰일 날 것처럼 독서로 하루를 시작하고 독서로 하루를 마무리했다. 독서로 얻는 장점이 많으니 잠을 줄여가면서 계속 반복하며 읽었다. 그런데, 적신호가 왔다. 정보 습득에만 치우친 나의 몸과 행동에 과부하가 걸린 것이다. 입력한 만큼 출력하는 방법도 찾아보고 실행했어야 하는데 거기까지 생각하지 못했다. 결국 심한 두통과 세워놓은 목표를 실행하지 못해 급기야 아무것도 하기가 싫은 상태가 되었다. 원인을 몰랐다. 왜 의욕이 없고 몸이 아픈지 몰랐다. 여러 가지가 원인이 있었겠지만 그중 제일 큰 문제가 있었다. 그것은 소화할 수 없는 정보의 과잉 습득이었다. 앞만 보고 계속 달리다가 바닥이 고르지 못한 것을 인지하지 못하고 넘어진 것이다. 그 이후로 마음 치유와 호흡법으로 나의 리듬을 하나씩 개선해 나갔다.

그 시기에 운 좋게 다른 사람들과 함께 필사할 기회를 얻었다. 책의 내용을 그대로 타이핑하는데 이상하게 마음이 후련했다. 평소에 하지 않았던 일이라 신선함이 컸다. 조용한 새벽, 내가 치는 타자 소리에 잠 덜 깬 정신을 깨울 수 있었다. 매일매일 필사를 반복했다. 그 결과 책의 내용을 더 깊이 이해할 수 있었다. 읽은 내용에 대한 감상 글도 썼다. 이것이 나에게 큰 치유법이 되었다는 것을 시간이 흐른 후에 알게 되었다. 인풋만 하던 독서에서 필사 후 감상 글을 쓰면서 아웃풋으로 내 감정을 표현하게 된 것이다.

　독서량이 많아지면서 활동량이 줄어들었다. 책상에 앉아있는 일이 많아지니 군것질도 많이 하게 되었다. 여러 가지로 살찔 수 있는 좋은 환경을 갖추었다. 20년간 몸무게에 큰 변화가 없이 지내다가 몸무게가 늘어나니 불편한 점이 점점 늘어났다. 책상 앞에 앉아있는 것이 조금씩 불편했다. 배고프지 않아도 또 먹었다. 그리고 화낼 일이 아닌 것에 화내고 신경질을 냈다. 책을 읽는 동안에도 입이 심심해서 무언가를 먹으면서 몇 시간씩 앉아 있었다. 그러다가 불편함을 못 견뎌 운동하기로 마음 먹었다. 나에게 맞는 운동과 무리하지 않는 선에서 운동을 시작했다. 운동하지 않다가 몸을 움직이니 초기에는 조금씩 효과가 있었다. 같은 운동을 반복하니 체력은 좋아졌지만, 몸무게는 그대로였다. 그래서 운동을 하나씩 추가했다. 그 결과 몸이 피곤해지니 깊은 잠을 잘 수 있었다. 그러나 몸무게는 여전히 변함이 없었다. 해결책을 찾기 위해 다이어트 방법을 찾아봤다. 너무도 다양한 다이어트 방법들이 있었다. 여러 정보 중 내가 할 수 있는 것으로 몇 가지 골라 적용해봤다. 시도와 실패를 여러 번 반복하다가 시선을 다른 곳으로 바꾸기로 했다. 다이어트를 운동에만 초점을 두다가 식단으로 시선을 돌려 보았다. 다이어트는 '더하기가 아니라 빼기'라는 것을 인지하고 먹지 않아야 하는 식단부터 체크 했다. 빼야 할 재료는 밀가루와 쌀이었다. 나의 건강에도 해롭고 평소에 반찬보다 밥을 더 많이 먹는 나의 식습관을 개선하기 위함이었다. 밀가루와 쌀을 빼고 그 자리에 채소를 더했다. 채소를 먹으니 평소보다 화장실을 자주 가게 되었다. 그 결과 변함없던 나의 몸무게가 일주일 만에 2kg이나 줄었다. 그동안 인풋에만 신경을 쓰고 아웃풋에는 신경을 쓰지 않았다. 소화를 못 시키는 음식들을 계속 먹었으니 몸에 계속 노폐물이 쌓인 것이 원인이었다.

필사도 다이어트하는 것과 비슷하다. 필사는 책에서 다 소화하지 못한 내용을 기록하고 감상글을 적는 과정에서 잘 이해할 수 있도록 도와준다. 필사로 한 문장, 한 문장 이해하면서 작가가 주장하는 메시지도 찾고, 다시 내 글로 쓰면서 아웃풋 효과를 얻을 수 있기 때문이다.

필사하면서 얻은 경험 들을 통해 다양한 곳에 적용할 수 있다. 이 글을 읽고 있는 당신이 어떤 일을 하고 있는지 나는 잘 모른다. 하지만 그 일을 좀 더 효과적으로 실행하기 위해서 중간 장치를 설정해 보시길 바란다. 나는 그것이 필사였으면 한다. 정보 습득만 하는 것이 아니라 필사하면서 글쓰기의 효과를 누려보길 바란다. 정보 습득이 인풋이라면 필사는 아웃풋으로 갈 수 있도록 안내자 역할을 한다. 필사 실력이 쌓이면 분명 아웃풋 실력도 향상된다. 즉, 책의 내용을 보다 깊이 이해하고 재해석해서 자기의 생각을 정리할 수 있는 강력한 힘을 기를 수 있다. 시간이 흐른 뒤에 성장한 본인의 모습을 볼 수 있을 것이다. 자신의 관심 분야 혹은 직업 관련 분야의 책을 선택한 후 필사하면 당신의 일을 수월하게 실행할 수 있도록 도와줄 것이다. 필사하고 보다 효과적인 아웃풋을 낼 수 있도록 실행 후 그 기쁨을 맞이해보길 바란다.

필사로 나의 임계점을 넘어라

"어떤 일을 달성하기로 결심했으면 그 어떤 지겨움과 혐오감도 불사하고 완수하라. 고단한 일을 해낸 데서 오는 자신감은 실로 엄청나다."

– 아놀드 베넷

나는 '걷기'는 자신이 있지만 '달리기'는 왠지 두려웠다. 달리는 것이 걷는 것보다 운동 효과가 더 좋다고 하지만 하기가 싫었다. 숨 가쁘게 호흡해야 하는 것이 싫어서였을까? 산책만을 고집해오다가 주위 사람들이 하나, 둘 달리기하니 왠지 나 혼자 뒤처지는 느낌이 들었다. 그래서 지인이 추천해준 〈런데이〉 달리기 앱을 다운로드 받았다. 설치 후 더 이상 고민하지 말고 일단 해보기로 했다. 앱을 설치하고 어떤 내용들이 있는지 자세히 살펴보았다. 다행히도 나를 위한 초보자의 달리기 프로그램이 있었다. 일주일에 3일 30분 실행하는 8주간의 프로그램이었다. 매일 하지 않아도 되기 때문에 부담 없이 시작할 수 있었다. 시도해보기 전까지 달리기 앱은 처음부터 끝까지 뛰어야 하는 줄만 알았다. 그런데 앱을 실행시켜보니 친절하게도 단계별로 되어 있었다. 걷기와 달리기를 부드럽게 조절하면서 초보자가 잘 따라 할 수 있도록 구성되어 있었다. 그렇게 앱 실행과 동시에 앱 지도자의 지시에 따라 실행했다. 놀랍게도 나는 8주간의 일정을 모두 소화하고 30분을 달릴 수 있게 되었다.

생각만 하고 시도를 두려워하는 것은 참 어리석은 일이다. 우선 시작부터 해야 할 수 있는 일인지 아닌지를 알 수 있다. 시작하지 않았다면 계속 그 자리에 머물러 있었을 것이다. 필사 역시 마찬가지이다. 타이핑부터 해봐야 한다. 시도해보고 내가 할 수 있는지 아닌지 결정해도 늦지 않다.

어김없이 핸드폰 알람이 5시에 울린다. 알람 시간을 새벽 5시 앞뒤로 5분 간격으로 두 개를 맞췄다. 5시에 못 일어날 상황을 대비한 것이다. 아침잠이 많은 나의 기상 시간은 들쑥날쑥 매일 다르다. 5:05분에 일어날 때도 있고 5:30분에 일어날 때도 있다. 늦게 일어난 날이면 하지 못한 아침 루틴 걱정으로 종일 불편한 마음으로 하루를 보낸다. 혹여 늦은 밤까지 그 루틴을 마무리하지 못한 날은 잠이 오는 것을 참고 마무리해야 한다. 그러면 그날만 문제가 아니라 다음날까지 영향을 미친다. 전날 늦게 잠자리에 든 결과 연속해서 다음 날도 힘들어지고 며칠간 리듬이 깨진다. 새벽 기상은 어렵지만, 새벽 기상은 나에게 절실했다. 하지만 새벽 기상의 의지가 약해질 무렵 다행히 필사하게 되었다. 한 꼭지 필사하면서 새벽 기상의 지루하고 반복적인 고비를 극복할 수 있었다.

　새로운 것을 시도한다는 것은 '잘 해내야 한다'라는 굳은 의지와 미루지 않는 꾸준한 습관이 필요하다. 시작하고 나면 그것을 유지하기 위한 자기만의 장치를 마련해야 한다. 그 장치가 어떤 장치인가에 따라 그것을 지속하는 힘이 달라진다. 새벽 기상을 지속하기 위해 여러 가지 방법을 적용해봤지만 나에게 보다 효과적인 방법은 따로 있었다. 그 꿀 같은 새벽 시간을 잘 보내려면 전날 밤부터 미리 준비해두고 자야 하는 것부터였다. 적용하고 실행하고 고쳐보는 지루한 과정을 거쳐야 한다. 그 과정을 보내지 않으면 생산성 없이 기상 시간만 중요하게 생각하는 새벽 기상이 되었을 것이다. 그랬다면 나는 어제와 다른 나를 만날 수 있는 임계점을 극복하지 못했을 것이다.

　집에는 아직 식기 세척기가 없다. 대학 시절 어머니께서 설거지하시는 걸 보면서 식사때마다 반복하는 것이 매우 시간이 아깝다고 생각했다. '결혼하면 꼭 식기 세척기를 사야지' 하고 늘 생각했었다. 그렇게 식기 세척기를 필수품이라고 생각했지만, 우리 집에는 안타깝게도 식기 세척기가 설치되어 있지 않다. 여전히 설거지는 하기 싫고 그 시간이 너무 아깝다. 특히 부엌에서 느린 나의 손은 시간이 흘러도 개선이 되지 않았다. 지금 생각해보면 그만큼 노력을 안 해서 그럴 수도 있겠다는 생각이 든다. 식사 준비시간도 오래 걸리지만, 식사 후 뒷정리하는 시간도 만만치 않다. 집 안 청소도 마찬가지이다. 집 안 청소는 해도 표가 잘 나지 않고 해도 해도 끝이 없다. 이 시간이 아까워서 설거지와 청소 시간엔 늘 이어폰으로 유튜브 강의를 듣는다. 그러면 하기 싫었던 일들도 동영상 강의를 들으면 시간 가는 줄 모르고 하게 된다. 문제는 듣기에 집중하다 보면 정작 해야 할 일을 빨리 끝내지 못하고 오히려 시간이 더 늘어지게 되는 부작용이 생긴다. 결과적으로 그 동영상 분량에 맞추어서 집안일을 하게 되는 것이다.

새벽에 일어나 필사할 때는 몰입이 잘되어서 이것을 다른 일을 할 때도 적용해보기로 했다. 우선해야 할 일을 먼저 생각하고 예상 시간을 잡아 본다. 필사할 때 나는 문서 첫 줄에 날짜와 시간부터 표기하고 시작한다. 소요 시간을 30분 정도로 예상하기 위함이다. 이것을 설정했을 때와 하지 않았을 때는 그만큼 다른 결과를 가져온다. 그래서 해야 할 일이 생기면 10분, 20분, 30분 단위로 구분한다. 시간을 길게 하면 할수록 몰입도가 떨어졌다. 그래서 설거지는 10분에 끝내기로 설정했다. 한가득 쌓여 있는 싱크대의 식기들도 5분에서 10분 사이에 끝내게 된다. 필사하는 요령을 다른 곳에도 적용해보니 효과가 있었다. 내가 하기 싫은 일을 예상 시간보다 짧은 시간에 끝낼 수 있었다. 그 후로 어떤 일을 할 때마다 일의 효율성을 먼저 생각했다. 이처럼 필사를 통해 내가 해결하지 못했던 부분들을 생각보다 간단한 방법으로 처리할 수 있었다.

꾸준히 책 필사를 한 권, 두 권, 하나씩 늘려가면서 완료의 기쁨을 짧은 기간에 여러 번 느낄 수 있게 되었다. 책 필사 완료는 나에게 성취감을 주었고, 더 잘 할 수 있겠다는 자신감을 주었다. 필사로 인해 마무리에 약한 나의 습관을 극복하게 되었다. 즉 임계점을 넘은 것이다. 임계점을 넘고 나니, 다른 목표에 대한 구체적인 방향이 생겼고 하루를 효과적으로 보낼 수 있겠다는 자신감이 생겼다. 이 글을 읽는 당신도 이루지 못한 목표가 있을 것이다. 나의 경우 극복하지 못한 일은 비슷한 다른 부분에서 반복적으로 극복하지 못했다. 책 한 권 필사를 시도해보고 완료의 기쁨을 직접 경험해보길 바란다. 자신의 한계를 한번 극복하면 새로운 것에 도전하는 것에 주저함이 없어진다. 자신의 임계점을 극복하고 새로운 일에 도전해 보고 싶지 않은가? 그렇다면 책을 펼쳐서 필사부터 시작해보기를 추천한다. 필사 후 분명 자신의 다른 모습을 볼 수 있을 것이다.

감정 다이어트에도 효과적인 필사

"세상에서 가장 현명한 사람은 모든 사람으로부터 배울 수 있는 사람이며, 가장 사랑받는 사람은 모든 사람을 칭찬하는 사람이요, 가장 강한 사람은 자신의 감정을 조절할 줄 아는 사람이다."

– 탈무드

나이 사십이 되면 한 분야의 전문가가 되어 있을 것으로 생각했다. 나는 아직도 무엇을 공부해야 하나? 무엇을 위해 달려야 하나? 라는 문제로 지금도 고민 중이다. 결혼 후 앞만 보고 달리다 보니 어느덧 40대 중반이 되었다. 요즘은 하루에도 몇 번씩 기분이 오르락내리락한다. 어떤 것을 보아도 위로가 되지 않지만, 하늘을 보고 있으면 마음이 차분해진다. 시간이 흐를수록 감정의 깊이는 더 깊어지고 섬세해지는 것 같다. 산책길에서 매일 다른 하늘과 구름을 만난다. 혼자만의 시간을 가질 수 있는 유일한 시간은 하늘을 보고 있는 시간이다. 매번 새 옷으로 갈아입는 하늘을 보기 위해서 나는 오늘도 산책길에 나선다.

　나의 감정 기복이 갈수록 심해지고 있는지 인지하지 못했다. 원인을 알 수 없는 좋지 않은 감정과 기분은 쉽게 가라앉지 않았다. 이 증세는 하루, 이틀, 길게는 사흘 지속되었다. 바꾸려고 노력해도 잘되지 않았다. 여러 방법으로 해결하고자 시도해보았지만, 번번이 실패했다. 그 시기에 감정을 조절하려고 시작한 것은 아니었지만, 책 필사를 꾸준히 하면서 평소에 느끼지 못한 안정감을 경험했다. 아침에 일어나자마자 필사 후 감상 글을 쓰기를 반복했다. 이른 아침 출근 전 이 습관을 완료하고 나면 분주한 나의 마음이 살포시 가라앉는 느낌이 든다. 몸은 바쁘지만, 마음은 한결 여유로워지는 느낌이다.

　어느 날 일 하다가 서 있기가 힘들었다. 가슴이 답답하고 어지러웠다. 쉽게 피로해지고 힘이 점점 없어졌다. 두통약 없이 하루를 시작할 수가 없었다. 심지어 운전하려는데 운전을 못 하겠다는 느낌이 들어 겁이 났다. 이런 일들이 여러 차례 반복되니 '갱년기 증상인가?'하고 병원을 찾아갔다. 병원에서 만난 의사 선생님은 반갑게 웃으시면서 '어떻게 오셨어요? 그동안 잘 지내셨어요?'라고 아주 편안한 언니처럼 맞아주셨다. 나의 증세에 대해 간략히 말씀드리니 '번 아웃 초기 증상이네요.' 하시면서 '심각하지 않으나 주의 깊게 살펴봐야 더 안 좋은 상황을 막을 수 있습니다.'라고 하시면서 편하게 읽어보라고 하시면서 책 한 권을 빌려주셨다. 그러면서 가정생활, 직장생활이 어떤지 여러 가지 물어보셨다. 이야기를 나눈 후 모든 일을 너무 열심히 하려고 하지 말라고 조언해 주시고, 상대방과 대화를 많이 나누라고 하셨다. 마지막엔 '힘들면 꼭 힘들다'라고 주위 사람들에게 말하고 도움을 요청하라고 하셨다. 상대방은 내가 말하지 않으면 힘든지 다른 사람은 전혀 알지 못한다고 하셨다.

집으로 돌아오는 길에 처음으로 나 자신을 뒤돌아보게 되었다. 그동안 나는 무슨 일이든 힘들다고 얘기하지 않았다. 힘들다고 얘기하면 왠지 능력이 부족한 사람인 것 같았다. 힘들어도 혼자 꾸역꾸역하는 성격이라 표현은 하지 않았지만 내 마음이 매우 힘들었다. 나의 스트레스를 고스란히 내 아이들에게 짜증으로 표현하였다. 스트레스를 받으면 스트레스를 해소할 방법을 찾아야 하는데 전혀 해소법을 찾지 않고 담아두고만 있었다. 난 그 해소법을 찾는 게 시급했다. 무엇보다 늘 쫓기듯 움직이는 생활을 좀 느슨하게 하려고 노력했다. 쉽지 않았지만 조금씩 바꾸려고 노력했다. 다이어리에 나의 일과를 자세히 쓰고 그 내용을 점검했다. 그리고 일의 우선순위를 분류했다.

하굣길 초등학생인 딸은 매번 즐겁다. 반면 고등학생인 아들은 늘 '피곤하다', '힘들다'라는 말을 자주 한다. 아들은 '중2'가 될 무렵 사춘기가 시작되었다. 그동안 반항 없던 아이가 큰소리로 나한테 말하는 게 아닌가. 그리고 금방 다시 미안하다고 사과한다. 평소 고분고분하던 아이의 이런 행동에 당황스러웠다. 점차 아이는 두통이 심해져서, MRI까지 찍어보게 되었지만 아무 증상이 없었다. 의사 선생님은 아이와의 거리를 좀 두고 기다려보라고 조언해 주셨다. 아들은 나와 비슷해서 좋고, 싫음을 잘 표현하지 못한다. 본인의 감정을 표현한다는 것은 매우 중요한 일이다. 때론 생명과 직결되는 문제인데 그것을 한 번도 심각하게 생각을 해본 적이 없었다. 원인을 모르고 아팠을 땐 육체적인 아픔에만 초점을 두고 '두통약을 먹으면 해결이 되겠거니'라고 생각했었다. 다른 아이들보다 순조롭게 지나간다고 생각했던 아들의 사춘기는 혼자서 속앓이가 많았던 것을 늦게 알았다. 다행히 아들은 나름의 방법을 찾아 활용하고 있었다. 아들은 공부 전에 타자 연습했다. 웹사이트에 접속해서 거기서 제공하는 문장을 그대로 따라 타이핑하는 아주 간단한 프로그램이었다. '타이핑을 왜하니?'라고 물었더니 공부하기 전에 손가락을 푸는 준비라고 하면서 타이핑하면 마음마저 편해진다고 했다. 아들은 혼자서 자기만의 방법으로 감정을 다스리고 있었다. 다행히 시간이 흐른 후에 아들은 웃음도 찾고 말도 많아졌다.

필사 후 감상 글을 쓰면서 나의 마음을 조금씩 표현하게 되었다. 감상 글을 한 줄로 표현할 때도 있다. 그 한 줄을 쓰려면 평소에 하지 않았던 생각을 깊게 하게 된다. 정리해서 내 생각을 한 줄 쓰고 나면 마음이 한결 후련해졌다. 책 필사하는 내용 중 내가 공감했던 글을 다시 한번 타자하고 감상 글을 적는 행위는 나의 어지러운 감정을 정리해줬다.

감정을 조절하는데 필사만큼 좋은 것이 없다. 감정이라는 것이 환경에 큰 영향을 받는다. 게다가 나는 주위 사람에게 매우 쉽게 영향을 잘 받는 편이다. 기분이 좋지 않다가도 칭찬을 듣거나 기분 좋은 얘기에 들으면 금방 기분이 좋아진다. 요즘은 자투리 시간이 생기면 우선 컴퓨터부터 켠다. 무엇이든 타자하는 습관이 생겼다. 기분이 좋으면 좋아서 몇 문장 타자하고, 기분이 나쁘면, 나쁜 대로 타자한다. 그러면서 나의 감정을 글로 풀어본다. 글쓰기가 잘 안될 때 마무리하지 못한 필사를 몇 자라도 더 타자해본다. 기분 나쁜 감정을 말로 하는 것이 아니라 손가락으로 흘려보내는 기분이 참 좋다. 나에게 나쁜 감정을 풀고 어두운 근심, 걱정을 내려놓게 해 준 것이 바로 필사다. 누군가에게 자신의 감정을 표현하고 후회한 적이 있는가? 아마도 그런 경험은 누구나 있을 것이다. 말하고 후회하지 말고 필사를 통해 책 내용에 시선을 돌려 스스로 감정을 다스리길 바란다.

지친 일상에서 새로운 세계로 간다

"절실하지 않은 자는 꿈을 꿀 수 없다."

－ 공자

매일 아침 오늘 해야 할 목록을 적고 하루를 시작한다. 책상 앞 거울에 비친 내 모습을 보니 자세가 엉망이었다. 원인은 책상이 낮고 의자는 높았던 것이었다. 갑자기 '아차' 하는 생각에 아들 방에 있는 책상 의자에 앉았다. 예상대로 공부할 때 나보다 더 불편한 자세로 공부해야 하는 구조였다. 어깨뿐 아니라 다리도 불편한 구조였다. 바로 책상 높이를 '올렸다, 내렸다'를 조절할 수 있는 책상과 등받이가 좀 더 높은 의자로 교체했다. 아들이 자라는 동안 옷과 신발은 계절별로 구매해주면서 많은 시간을 보내는 책상과 의자는 좀 더 기능적인 것을 찾아줄 생각을 못 했다.

내가 의자에 앉아서 필사해 보지 않았다면 아들의 불편함을 전혀 인지하지 못했을 것이다. 자세를 좀 더 편하게 할 수 있는 환경을 만들어주니 많은 시간을 책상 앞에서 보내고 있었다. 책상 높이가 달라지니 아들 방은 새로운 환경이 되었다. 같은 공부를 하더라도 작업효율이 높아져서 좋은 결과물을 얻을 수 있었다.

초등학생인 딸이 시력이 갈수록 나빠졌다. 안경점을 두 번 바꾸는 과정에서 6개월 간격으로 시력검사를 했다. 짧은 시간 급격히 나빠진 시력으로 안과 전문의를 만나보라는 메일을 받았다. 실력 있는 안과 전문의를 만나서 다시 시력 체크를 했다. 그 결과 시력검사도 잘못되었고 그로 인해 맞지 않은 안경을 쓰고 다닌 것이 원인이었다. 속상했다. 결국 안경원 상술에 넘어간 것이었다. 아들 역시 필요하지 않은 안경을 안경점의 제안으로 쓰고 있었다. 다시 정확한 검사 후 아들은 안경을 쓰지 않고도 삼 년이 지난 지금도 시력을 그대로 유지하고 있다. 반면 딸의 경우 시력이 짧은 기간에 나빠졌다. 시력 저하 속도를 늦추는 안약을 넣기로 했다. 잠자기 전 안약 한 방울을 눈에 넣으면 된다. 다행히 안약을 넣고 몇 해가 지나도 처음 시력을 계속 유지할 수 있었다.

하루는 딸이 학원 친구가 안경을 착용했었는데 이제 안경을 착용하지 않는다고 말했다. 그 이유는 잘 때 렌즈를 착용하고 자면 다음 날 시력 교정 효과로 정상시력으로 볼 수 있다는 것이다. 그래서 12시간 동안은 안경을 착용할 필요가 없다고 했다. 들어본 내용이긴 했지만, 금액이 비싸겠거니 생각하고 자세히 알아보지 않았다. 하지만 이번엔 본격적으로 알아보기 시작했다. 무엇보다 운동 특히, 수영할 때 도수가 들어간 물안경을 써야 하고 수영장 물 밖에 나왔을 때도 혼자 물안경을 쓰고 있어야 하는 불편함이었다. 폭풍 검색 후 걱정했던 '밤에 렌즈를 착용하고 자는 것이 위험하지 않겠구나!' 하는 생각에 안과의사선생님께 문의했다. 안과 선생님은 안구의 건강 상태를 체크 한 후 렌즈를 착용할 수 있도록 딸에게 안내해주셨다. 딸은 렌즈를 세척하고 착용하는 과정에서 번거로움이 많았지만 불평하지 않고 렌즈를 착용했다. 안경 프레임에 갇혀있다가 더 넓은 곳을 볼 수 있는 시야를 확보하고 하루 동안 느끼는 편리함을 직접 경험했기 때문이다.

아무리 좋다고 강조해도 본인이 직접 경험하지 않으면 모른다. 비용 부분이 문제가 될 수도 있지만 일단 시도해보는 것이 더 중요하다는 것을 다시 한번 느꼈다. 이런 경험은 필사에도 마찬가지였다. 글을 읽고 따라 기록하는 과정에서 새로운 경험을 많이 하게 되었다. 필사라고 하면 베껴 쓰는 것이기에 특별한 가치가 없다고 생각하는 경우도 있는데, 생각 외로 많은 긍정적인 효과가 있다. 그 효과는 개인마다 다를 것이다. 일단, 필사를 믿고 한번 시작해보기를 추천한다. 필사해보고 긍정적인 효과를 판단해도 늦지 않으니, 먼저 시작해보라. 아마도 후회하지 않을 것이라고 나는 생각한다.

우리 집 프린터가 늘 말썽이다. 결국 고장이 나서 새것으로 교체하고 신나게 프린트했다. 꼭 안 해도 되는 것들도 프린트했다. 그랬더니 얼마 되지 않아 잉크를 교체하라고 메시지가 떴다. 새 잉크로 교체했다. 또 얼마 지나지 않아 또 잉크가 없다는 메시지가 떴다. 짧은 시간 여러 번 잉크 교체를 하니 돈이 아까웠다. 내가 현재 사는 호주에서는 잉크 카트리지는 한국에 비해 꽤 비싼 편이다. 그것을 몰랐으면 그냥 쓰겠지만 그것을 알고 있으니 비싼 비용이 참 아깝다는 생각이 들었다. 그래서 잉크를 사지 않고 그냥 프린트하지 않기로 소심한 마음을 먹었다. 하지만 프린트하지 않고 살 수 없었다. 갑자기 급하게 프린트해야 할 일이 있어서 '어쩌지'하고 생각하고 있었다. 마침 그때 도서관에서 본 프린트 서비스가 생각났다. 프린트해야 할 파일을 정리해서 도서관에 갔다. 프린트할 분량이 많았다. 물론 프린트할 양만큼 비용을 내야 했다. 프린트할 자료를 메인 컴퓨터로 전송하고 비용을 계산하는 순간 순식간에 프린트가 되어 나왔다. 한국에 비해 호주는 무엇이든지 기다림이 많이 필요로 한 곳이라 도서관의 빠른 프린트 시스템에 살짝 놀랐다. 한 번도 도서관에서 프린트할 생각을 하지 못했다. 필요할 때면 회사에서 레이저 프린트로 부담 없이 했으니 말이다. 하지만 매번 회사에서 프린트할 수 없었다. 도서관 프린트는 집에서 천천히 쓰던 프린트와는 차원이 달랐다. 프린트물을 받으니 걱정거리가 단숨에 해결됐다. 프린트하고 도서관에서 책도 읽고 필사도 할 수 있었다. 필사와 감상 글이 잘 써지지 않을 때는 집중이 필요해서 도서관을 이용한다. 필사하지 않았다면 아마도 도서관에서 프린트할 생각조차 못 했을 것이다.

책 필사하면서 평소에 쓰지 않은 에너지를 쓰게 된다. 좋은 글을 만나면 필사하다가 없던 에너지도 생긴다. 살다 보면 프린트가 안 되는 아주 사소한 일들을 흔히 접하게 된다. 그런 사소한 일들에 문제가 생기면 때로는 하루를 망치는 경우가 있다. 하지만 필사하면서 다른 곳으로 시선을 돌리고 책에서 지혜를 얻어보길 바란다. 잠시 바람 쐬러 온 것처럼 말이다.

매일 반복되는 일상에 때로는 지치고 벗어나고 싶을 만큼 하루가 버겁고 힘들 때도 있다. 즐겁게 살려고 애쓴다고 즐거워지는 것이 아님을 더 잘 안다. 하지만 지루함을 느낀다는 것은 의욕을 잃고 기계적으로 생각 없이 행동할 때다. '바쁜데 어떻게 지루할 수가 있냐?'라고 반문할 수 있지만, 그 바쁜 와중에 지루함이 한 번씩 몰아칠 때는 감당하기가 힘들다. 필사를 시작한 이후로 그동안 경험하지 못한 새로운 세계를 많이 접하고 있다. 알면 보인다고 하지 않았는가? 새로운 것을 배우고 경험하니 다른 세상을 더 보고 싶은 마음이 생겼다. 어떤 책을 필사하느냐에 따라 앞으로 경험할 세상을 다른시선으로 볼수 있을 것이다. 새로운 세상을 경험하기 힘드시다면 필사라는 작은 행동으로부터 변화를 경험해보시길 바란다.

필사로 쌓은 실력, 책 쓰기를 다짐했다

"시도해보지 않고는 누구도 자신이 얼마만큼 해낼 수 있는지 알지 못한다."

— 푸블릴리우스 시루스

대학 입학 후 첫여름 방학 자동차 운전 연습을 시작하였다. 아버지가 운전을 가르쳐 주시고 연습 후 난 운전면허 시험에 합격하였다. 운전면허 취득 후 아버지는 나에게 중고차 한 대를 사주셨다. 우리 집에서 학교까지의 가는 길은 버스를 두 번 갈아타야 하는 번거로운 길이였다. 버스를 타고 가면 1시간 20분 정도 소요되는 길을 직접 운전해서 가면 넉넉잡아 30분이면 충분했다. 집에서 일찍 출발하니 학교에 도착해서도 시간이 남아 도서관에 가서 과제도 할 수 있어 이보다 좋을 수 없었다. 그렇게 나의 왕초보 운전실력은 매일 등하굣길을 오가면서 향상되었다.

　나는 계획에 없던 호주 생활을 시작하면서 호주 운전면허를 취득해야 했다. 대중교통이 잘 되어 있지 않은 이유 하나와 운전면허증이 신분증 역할을 하는 이유로 운전면허가 꼭 필요했다. 그런데 문제는 자동차 운전대가 우리나라와 반대로 오른쪽에 있었다. 오른쪽 운전석에 앉아서 사이드미러로 뒤를 보는 세상은 이제까지 봐왔던 세상과는 너무도 달랐다. 운전석이 반대이기 때문에 도로에서도 한국과 반대 방향인 왼쪽으로 달려야 했다. 이런 두 가지 문제점을 제외하고는 운전하는 도로 상황은 매우 좋았다. 시간과 비용의 문제로 실기시험을 연습이라고 생각하고 내 차를 가지고 면허시험장에 갔다. 한국과 달리 자기 차로 실기시험을 치른다. 감독관의 지시에 따라 운전하고 놀랍게도 한 번에 합격했다. 한국보다 까다로웠던 운전면허 실기시험이었는데 운이 좋았다. 20살 때 첫 운전면허를 취득하고 매일 학교로 오가면서 운전 연습을 하지 않았더라면 장롱면허로 지냈을지도 모른다. 한국은 대중교통이 워낙 잘되어있으니 운전을 직접 하지 않아도 문제없이 어디든 갈 수 있다. 하지만 내가 있는 서부 호주에서는 직접운전을 하지 않는다면 남편이 출근한 시간엔 남은 식구들은 외출이 힘들다. 대학 때 매일 등하굣길을 운전하지 않았다면 면허시험에서 한 번에 합격하지 못했을 것이다.

　실력은 하루아침에 갑자기 늘지 않는다. 반복적인 실행을 통해 향상된 실력을 인지하지 못하다가 시간이 흐른 후 우연한 기회에 알게 된다. 필사도 그렇다. 필사를 매일 하다 보니 타자 속도가 빨라졌다. 처음 필사할 때보다 20분가량 시간이 줄어들었다. 생각지도 못한 수확이다. 매일 하는 필사로 어느덧 나의 타자 속도가 향상되었다. 지금은 빠른 타자 덕분에 글을 써야 할 일이 있으면 한글 프로그램에서 빠르게 글을 작성한다. 필사 덕에 이 프로그램에도 익숙해서 글이 잘 써진다. 필사하기 전, 한 줄도 겨우 쓰던 글쓰기가 이제는 다섯 줄을 금방 넘긴다. 글쓰기 실력도 필사를 통해 알게 모르게 성장했음이 분명하다.

매일 아침 온라인 필사 회원들과 그룹 채팅창에서 아침 인사로 하루를 시작한다. 필사하고 감상 글을 써서 각자의 SNS에 그날 내용을 인증한다. 인증이라는 과정을 숙제라고 생각하고 처음에는 시작했다. 인증을 빨리하고 싶은 마음이 생겨 10분이라도 더 일찍 일어나려고 노력하고 감상 글을 잘 쓰고 싶은 마음에 몰입해서 필사했다. 필사할 때 집중하지 않고 다른 생각을 하면 감상 글을 쓸 수가 없다. 그래서 고요한 새벽 시간 최대한 집중해서 완료했다. 나뿐만 아니라 다른 필사 회원들도 주로 새벽 시간을 이용했다. 필사한 책 중 두 번 반복해서 필사를 한 책이 있다. 처음보다 두 번째 필사하면서 얻은 내용이 더 많았다. 독서도 같은 책을 두 번 보면 그 효과가 더 크듯이, 필사 또한 몇 배의 효과가 있었다. 두 번의 필사는 두 번의 독서가 아니라 네 번의 독서 효과를 얻을 수 있었다. 처음에 필사했을 때 느끼지 못한 부분까지 볼 수 있었다. 일주일 만에 포기할 줄 알았던 필사가 점점 재밌어졌다. 그러면서 감상 글도 점차 길어지게 되었다. 그 효과는 여러 곳으로 확장되었다. 아이들 학교 선생님께 보내야 하는 이메일에도 좀 더 자세히 적어서 보낼 수 있었다. 그리고 나의 SNS에도 나의 마음에 담긴 글을 자세히 쓰니 그 글에 대한 답글이 많아졌다. 필사가 재미있어지면서 글쓰기 또한 점점 재미있어졌다. 나의 글쓰기는 혼자 쓰는 것이 아니라 상대와 이야기하듯이 대화하는 글쓰기로 확장되었다.

일도 그렇지만 자기만의 루틴을 형성하는 과정 중에서 혼자 하는 것보다 같은 목적을 가진 사람들과 함께하면 큰 힘이 된다. 아프리카 속담에 '빨리 가려면 혼자 가고, 멀리 가려면 함께 가라'는 것을 직접 경험하게 되었다. 꾸준히 한다는 것은 쉬운 일이 아니다. 하다가 쉽게 지치고 흐지부지 끝나는 것을 많이 경험했다. 하지만 함께하면 지치고 어려울 때 서로 자극받고 격려도 받게 되어 마지막까지 완료하게 된다. 당신이 필사를 시작한다면 함께할 친구를 꼭 한 명이라도 구해서 하길 바란다. 서로 피드백을 주면서 필사를 하게 되면 학습 효과가 더 클 것이다. 아마 가까운 곳에서 찾을 수 있을 것이다.

하루를 알차게 보내고 싶지 않은가? 더불어 나의 미래에 대한 새로운 꿈을 펼쳐보고 싶지 않은가? 그것의 시작이 나는 필사라고 생각한다. 단순해 보이는 조그마한 실행이 점차 확장되면서 다른 길을 열어줄 것이다. 목표를 세우고, 실행하고, 점검하는 과정을 필사하면서 느껴보길 바란다. 나날이 필사하면서 실력을 쌓을 수 있을 것이다. 하루하고 포기하지 말고 꾸준히 하길 권한다. 점차 효과적인 방법도 알게 되고 좀 더 발전하는 자신을 발견하게 될 것이다. 나는 기대 없이 그냥 카피해서 쓴다고 생각했던 필사였다. 하지만 반복적이고 꾸준한 한 꼭지 필사가 나에게 특별한 기회를 주었다. 나의 메시지를 담아 글로써 다른 사람을 설득할 수 있는 책 쓸 기회가 생긴 것이다. 필사하면서 쌓은 나만의 글쓰기 습관으로 책 쓰기에 도전하게 되었다. 필사하지 않았다면 책을 읽는 사람으로만 살았을 것이다. 쓰는 사람이 되고 싶다는 생각조차 못 했을 것이다. 지금 글을 읽고 있는 당신도 컴퓨터를 켜고, 이런저런 고민을 덮어두고, 필사해서 책 쓰기에 도전해 보길 바란다.

새로운 나로 매일 태어난다

당신이 행하는 일이 큰 의미가 있지 않을 수도 있지만, 무엇인가를 실행하고 있다는 것은 매우 중요한 것이다.

– 마하트마 간디

비가 억수같이 내리는 날, 문도 열리기 전에 나는 도서관에 도착했다. 오픈 전까지 여유롭게 차에서 빗소리를 들었다. 얼마 만에 느껴보는 여유인가. 기분이 참 좋았다. 도서관에 들어가 좋아하는 자리를 찾아 앉았다. 비가 와서인지 사람들이 없어 도서관 안은 더 조용했다. 조금 지나자 한 명씩 자리가 채워지기 시작했다. 오후의 도서관 분위기와는 사뭇 달랐다. 집중하기 너무도 좋은 환경이었다. 다들 무슨 공부를 하는지 궁금했다. 도서관에 와서 공부하는 사람들은 아마도 나처럼 집중이 필요해서

왔을 것이다. 나는 짧은 시간에 몰입하기 위해 그리고, 다른 방해 요소를 단절시키기 위해서 도서관을 찾는다.

필사 역시 잠시 다른 일들을 멈추고 집중해야 하는 일 중에 하나다. 필사를 안 한다고 삶이 무너지거나 큰일이 생기는 것은 아니다. 하지만 필사에 초집중하면서 평소에 경험하지 못한 새로운 느낌을 접한다. 그 느낌과 경험을 통해 또 다른 나를 만날 수 있다.

밤사이 비와 바람이 너무도 거세게 불었다. 비바람 소리에 '자다', '깨다'를 반복했다. 바람에 새장이 넘어져서 새가 바닥에 쓰러져있는 꿈을 꿨다. 일어나자마자 밖에 있는 새장이 안전한지 확인했다. 다행히 아무 이상 없이 잘 있었다. 한번은 먹이를 주려고 새장의 문을 여는데 그만 새가 날아가 버렸다. 그렇게 허무하게 날려 보냈다. 울고 있는 딸에게 '새장에 갇혀 살아서 힘들었을 텐데 그 새는 지금은 자유로울 것이다'라고 위로했다. 놀라운 건 문이 열렸는데 날아가지 않고 새장을 지키는 노란색 새였다. 혼자 외로울 것 같아서 다시 파란색으로 한 마리를 입양했다. 또 한번은 자고 일어났더니 새장 문이 열려있고 파란색 새가 사라지고 없었다. 그 새는 부리로 문을 열고 탈출한 것이다. 그 일 이후에 자물쇠로 새장을 채워뒀다. 이번에도 여전히 의문이었다. 왜 저 노란색 새는 날아가지 않았을까? 자유를 싫어하는 것인가? 아니면 노란색 새가 텃세 부리며 다른 새를 쫓아낸 것인가? 알 수 없는 일이었다. 노란색 새는 다른 새 보다 더 많이 먹고, 움직이지 않아 덩치가 컸다. 모이를 먹을 때 빼곤 크게 활동량이 없었다. 게다가 많이 먹는다. 반면 파란색 새는 작은 새장 안에서도 여러 번 날개를 퍼덕이며 '날았다', '앉았다'를 반복했다. 어쩌면 나가기 위해서 새장 안에서 나는 연습을 한 것인지 모르겠다. 파란색 새는 그렇게 나는 연습을 꾸준히 해서 자유를 찾아서 날아간 것이다.

꿈을 꾸는 자는 꿈을 향해 집중한다. 두려움을 뒤로하고 한가지 목표에 몰입하는 것이다. 파란색 새는 새장 밖을 나가면 다른 어려움이 있다는 것을 몰랐을까? 더 큰 어려움이 생겼을지도 모른다. 그래서 좁은 새장 안에서도 나는 연습을 한 것이다. 필사도 작은 날개짓과 비슷하다. 필사는 자신의 꿈을 향한 하나의 작은 연습이라 할 수 있다. 필사하면서 내가 몰랐던 새로운 나의 모습을 찾을 수 있다.

취업 이후로 꿈에 대해 심각하게 생각해보지 않았다. 직장생활을 하면서 그 분야의 길을 계속 걸어가면 된다고 막연히 생각했었다. 결혼하고 아이를 낳고 상황들이 바뀌었다. 가족이 생긴 후 계획한 일을 시간 안에 마무리할 수가 없었다. 계획하고 이루지 못해서 좌절할 때가 더 많았던 것 같다. 그동안 내가 가진 능력으로 하고 싶은 일을 하기보다 할 수 있는 일들만 해왔다. 이민 후 호주에 살면서 아이들을 키우면서 일을 한다는 것은 쉽지 않았다. 하나씩 배워가야 할 것들이 너무 많았다. 경험해야만 알 수 있는 것들이었다. 그래서 나의 전공을 살리기보다 영어 한마디라도 더하는 것이 시급했다. 전혀 다른 분야의 공부를 다시 하고 직장도 가지게 되었다. 새로운 분야에서 새롭게 일을 한다는 것은 신선한 일이었다. 하지만 한편으로는 나의 능력을 발휘하지 못하는 안타까움도 있었다. 직장생활에서 받았던 스트레스를 독서로 풀었다. 독서를 통해 나는 기록의 습관을 조금씩 키워나갈 수 있었다. 책에서 배운 내용을 나에게 적용해보면서 효과가 있는 것들은 지속했다. 반면에 아무리 좋은 제안이어도 나에게 맞지 않은 것들은 과감히 버렸다. 독서가 자리 잡히고 기록이 내 것이 되면서 필사, 글쓰기, 책 쓰기까지 이어졌다. 책 쓰기를 하면서 나는 꼭 작가가 되어야겠다고 다짐했다.

관심 분야가 있다면 관심 분야의 책을 필사해라. 많은 정보를 깊이 습득하게 된다. 그리고 메타인지를 높일 수 있어 앞으로 나아가야 할 방향을 잡는데 좋은 기회가 될 것이다. 그 길이 험난하면 좀 쉬었다 가도 되고, 다른 분야의 책을 필사하면서 다른 지식을 또 쌓아가면 된다. 세상에 절대 헛된 경험은 없다. 때로는 예상하지 못했던 곳에서 우연히 내 능력을 발휘할 수 있는 일을 경험한다. 그런 일들을 경험하고 나면 나는 단지 멈춰있지 않았다는 것을 알게 된다. 그때가 성장을 인지할 수 있는 순간이고 새로운 꿈을 꿀 수 있는 시기이기도 하다. 한 분야에서 여러 번 막힌다면 다른 곳으로 가보라. 그 신호를 인지하고 필사하면서 실력을 꾸준히 쌓아라. 분명 당신은 새로운 나를 만나게 될 것이다.

나의 반복 행위는 필사다. 필사하면서 하루를 시작한다. 처음에는 쉽지 않았다. 그런데 벌써 1년째 필사하고 있다. 처음에 왜 필사해야 하는지 모르고 그냥 베껴 썼다. 그런데 날이 가면 갈수록 긍정적인 효과를 보게 되었다. 필사하면서 책 속 내용을 읽고 마음에 새기는 일이 무엇보다 재미있었다. 필사하면서 배우는 것들이 늘어나면서 글쓰기가 조금 수월해졌다. 책 쓰기에 도전하고 실행하는 과정에서 어려움과 부족한 나를 매일 접했다. 많은 인내가 필요했다. 또 다른 배움의 과정을 거치면서 나도 몰랐던 나를 알아가는 계기가 되었다. 꼭 작가가 되어 오래도록 읽고 쓰는 삶을 살고 싶어졌다. 필사를 시작하지 않았다면 나의 미래를 새롭게 디자인해 볼 생각조차 못 했을 것이다. 그것도 전혀 다른 분야의 꿈을 말이다. 자신이 무엇을 해야 할지 중심을 잡지 못한다면 우선 필사부터 시작해 보라고 나는 권하고 싶다. 필사하다 보면 새로운 것들이 보이고 변화가 일어난다. 나처럼 필사로 새롭게 매일 태어나는 자신을 경험하시길 기원하며 본모습을 찾아 원하는 삶에 조금씩 발을 떼어보시길 진심으로 바란다.

제5장
평생 글쓰기 고민, 필사로 해결한다

나애정

필사하면 달라진다

초등학생인 아이들은 집 과제로 필사를 한다. 방학 중, 책 하나를 선정해서 타자로 필사하고 난 후 간단히 감상 글도 쓴다. 게으른 방학 직후 갑자기 느낄 아이들의 허탈감을 예방하기 위해서라도 나는 아이들에게 과제를 정해주었다. 과제는 체크리스트로 만들어 프린트해서 냉장고에 붙여놓았다. 아침, 저녁으로 한 번씩 확인해서 만약, 체크 못 한 과제는 그날이 끝나기 전에 마무리할 수 있도록 했다. 과제 가짓수는 대략 8가지다. 8가지라서 아주 많을 것 같지만 전체 공부량은 많지 않아 충분히 할 수 있는 과제이다. 처음, 적응하는데 1주일 정도 걸렸다. 1주일이 지나면서 아이들은 8가지 중 3가지는 스스로 한다. 내가 기상 후에 해야 할 일로 가장 중요하게 강조하는 부분인 책 읽기부터 시작해서 필사하기, 3문장 감상 글쓰기는 그래도 잘하고 있다. 간간이 나의 잔소리가 필요하긴 하지만 말이다.

꾸준하게 10일, 20일 과제를 하다 보니, 아이들에게 조금씩 변화가 생겼다. 아침에 일어나면 무엇을 해야 하는지 아이가 잘 알고 움직인다. 책이 읽기 싫어 아이들은 이부자리에서 떠나지 못한 때도 있었다. 하지만 그렇게 해봐도 기상 직후 독서는 해야 한다는 사실을 인지하고는 더는 잔머리를 굴리지 않았다. 일어나서 책부터 손에 잡았다. 그리고 1쪽이든, 2쪽이든 읽었다. 시늉만 하든 실제 머리로 읽든 가장 먼저 하는 그 행동으로 아이들은 독서의 중요성을 몸으로 인지하게 되는 것 같다. 그리고 생활의 일정을 미리 계획적으로 하려는 경향을 보였다. 이렇게, 독서와 필사, 감상 글쓰기를 꾸준히 함으로 생각 외의 긍정적인 효과들이 많이 있었다.

처음 내가 필사를 시작한 것은 인생 첫 책을 쓸 때였다. 그때는 무조건 썼다. 글을 쓰기 위해서 남의 글이라도 썼어야 했다. 비록 남의 글일지언정 쓰는 것은 마찬가지였기에 개의치 않았다. 지금 생각하면 '얼마나 쓰고 싶어서 남의 글을 다 베꼈을까?' 하는 생각이 든다. 하지만 필사가 있었기 때문에 오늘의 내가 있다고 생각한다. 필사가 나를 책 쓰는 삶으로 이끌었다. 필사가 없었다면 과연 내가 이 바쁜 중에 쓰기를 우선순위에 두고 살 수 있을까? 자문해본다. 그 질문에 대한 대답은 단 10초도 안 걸린다. 답은 "아니요"이다. 필사를 했기 때문에 글을 쓰기 시작했고 책도 출간하게 된 것이다. 필사하면서 느끼는 바가 많았다. 남의 글을 베껴 쓰는 단순한 그 행동이 위대한 깨달음을 얻게 했다. 깨달음 뒤에는 행동의 변화, 삶의 변화, 의식의 변화가 따라왔다.

필사하면서 모방의 가치를 다시 느꼈다. 위대한 음악가, 작가, 발명가들은 특별한 노력 없이 위대한 인물이 된 것이 아님을 우리는 잘 안다. 누구나 닮고 싶어 하는 위인들의 그 모습 뒤에 진짜 비밀이 숨어있는 것이다. 그것은 바로 모방이란 것이다. 모방은 내가 성장하는데 가장 기본이되는 수단이다. 나는 직장에 4년 만에 복직했다. 학교에서도 업무 전산시스템의 혁신이 일어났음을 알게 되었다. 그에 비해 나는 망각의 늪에 빠져있었다. 다른 방법이 없었다. 다른 선생님이 어떻게 일하는지 보고 또보며 숙지했다. 그리고 해야 할 항목을 정해서 그 교사가 한 대로 따라 하는 것부터 시작했다. 전년도 업무 활동 확인이 가능하다는 것이 얼마나다행인지 모르겠다. 그렇게 하면 탁월하게 일을 잘한다는 소리는 듣지못하더라도 중요한 일을 빠트리는 일은 없다. 그것 자체가 크나큰 안심으로 다가온다. 1년 동안은 적극적인 모방의 시간이었다. 모방을 통해서최소한의 기본적인 업무능력을 익힐 수 있었다. 필사라는 모방을 통해서책 쓰기에서 중요한 A4 2장 쓰기에 대한 감을 잡고 쓸 수 있었다.

필사하면 A4 2장 즉, 1꼭지 글쓰기에 대한 감각을 갖출 수 있어 내 글쓰는 데 아주 유리하다. 우선 글쓰기에 대해 '나도 해볼 만하겠다.'라는 자신감이 생긴다. 자신감이 생기면 일단 50%는 벌고 들어간다. 우리가 가치 있다고 느끼는 일을 쉽게 행동으로 옮기지 못하는 이유는 그것에 대한 두려움, 즉 자신감 결여 때문이다. 내 삶에 분명 유익한 것임을 아는데그 두려움과 함께 자신감이 부족해서 시도조차 못 하는 것이다. 그런데,단지 필사만 했을 뿐인데, 그 자신감 장착을 가능하게 하는 글쓰기의 감을 잡을 수 있다는 것은 굉장히 의미가 크다. 투자한 노력에 비해서 얻는 가치가 최고라고 말할 수 있겠다. 어디에 가서 그런 자신감을 얻을 수 있겠는가? 이것 하나만으로도 필사는 많은 가치가 있다고 말할 수 있겠다.

매일 필사하면서 반복의 중요성을 생생히 느낀다. 사람들은 반복을 싫어한다. 나 또한 싫어했다. 과거, 나는 한번 읽은 책은 절대 2번을 읽지 않았다. 한번 본 영화도 마찬가지였다. 반복은 시간 낭비라고 생각했다. 하지만 지금은 알고 있다. 탁월함은 반복을 통해서만이 가능하다는 것을. 그래서 지금은 무엇이든지 반복하려고 노력한다. 아예 하루 중 반복해서 해야 할 항목을 정해두었다. 대표적인 것이 1꼭지 쓰기이다. 잘 쓰든 못 쓰든 무조건 반복해서 매일 쓰는 것을 내 생활의 1순위로 정했다. 과거에는 두 번 읽기 싫어하던 책 읽기도 지금은 반복해서 읽는다. 특히, 의식을 강화하는 책은 또 읽고 또 읽는다. 네빌고다드의 책들은 현재, 8회까지 반복해서 읽은 책도 있다. 본 영화 중에서 반복해서 보는 영화는 "쇼생크의 탈출"이다. 이 영화는 보면 볼수록 깊은 감동과 깨달음을 준다. 감옥 안 죄수의 탈출에 관한 이야기이지만 그 속에서 삶의 지혜를 배운다. '아, 어쩌면 저럴 수 있을까?' 볼 때마다 감탄이 절로 나온다. 지금 나는 반복을 좋아한다. 반복만이 내가 혁신하는 방법이라 생각하고 있다. 반복의 가치를 느끼게 된 계기도 아마, 필사가 한 역할을 했다. 필사만큼 지겨운 것도 세상에 없다는 선입견을 품었는데 필사를 통해서 나는 어리석은 나의 우물 안 사고를 깰 수가 있었다. 비록 내 글은 아니지만 남의 글을 반복 필사함으로 새로운 세계가 나에게 열렸다.

반복적으로 하게 되면 작은 부분까지 자세히 보인다. 결국 미세한 영역에 점점 강해진다고 볼 수 있겠다. 1번 할 때와 2번 할 때가 다르듯이 무엇이든지 여러 번 하게 된다면 확실히 다른 차원을 경험하게 된다. 100도에서 끓는 물은 1도만 부족해도 끓지 못한다. 그 1도에 해당하는 것은 반복을 통해서 우리가 얻을 수 있다. 책에 반복적으로 나오는 부분이 있을 때 사람들은 그 책에 대해 악평을 할 수 있다. 하지만 우리는 이것을 알아야 한다. 작가가 반복해서 쓰는 사례나 메시지는 중요하기 때문에 반복해서 쓰는 것일 수 있다는 것. 그리고 자세히 들여다보면, 똑같은 내용인 듯한 다른 내용일 것이다. 반복되는 듯하면 선입견을 품고 부정적인 생각으로 읽어 자세히 볼 수가 없다는 점이 아쉽다. 특히, 책 쓰기 방법을 알려주는 책일 경우 오히려 반복되는 내용이 있다면 책을 읽는 중에 책 쓰는 비법을 몸에 익힐 수 있어 본인이 책을 쓸 때 이득이다. 책을 읽는 목적을 생각해봤을 때, 읽으면서 반복의 효과를 가지게 되어 한편으로는 내 삶을 변화하는 독서가 될 수 있다는 것이다. 반복해서 쓰진 책은 오히려 행운이다. 그런 책을 만났을 때, 섣불리 평가 하지 말고 읽는 중 확실히 내 것으로 만드는 지혜를 발휘하면 좋을 것이다. 반복함으로 분명 생각지도 못한 것들을 더 알게 되고 몸에 익히게 될 것이다.

필사를 통해서 생각지도 못한 것들을 얻을 수 있다. 고작 30일 필사라 하더라도 그 효과는 크다. 필사에 대해서 의심하는 사람이 많다. '남의 글을 베껴 쓰는 것이 무슨 효과가 있을까?'라고 과소평가한다. 해보지 않았기 때문에 쉽게 생각한다. 하지만 인생 첫 책 쓰기 전 필사 경험을 통해서 나는 책 쓰기에 대한 긍정적인 효과를 많이 얻었다. 실질적인 소득이다. 그것 외에 모방의 가치와 반복의 중요성을 깊이 느끼게 되었다. 평상시 모방을 할 일이 그렇게 많지는 않다. 필사처럼 대놓고 모방하는 경우가 거의 없다. 토씨 하나 틀리지 않고 완벽히 똑같이 따라 쓰는 필사가 처음에는 어색하고 거북하겠지만 완벽히 똑같이 따라 써냈기 때문에 기적 같은 일들이 여기저기에서 일어나는 것이다. 어렴풋이 책 쓰기에 대한 감을 잡을 수 있고 작가처럼 매일 자판을 두드리며 스스로 작가의 자아상을 가질 수 있다. 반복의 가치가 생활 전반으로 확대되어 다른 일에서도 매일 반복해서 하는 성실함까지 갖추게 된다. 눈에 보이는 실질적인 수확과 눈에 보이지 않는 긍정적인 삶의 자세를 함께 얻을 수 있는 필사를 이 책을 읽는 당신에게 이제 나는 권한다. 책 쓰기를 희망하는 사람, 삶을 바꾸고 싶은 사람이 바로 당신이라면, 30일 필사를 시작해 보자.

평생 글쓰기 고민, 필사로 해결하라

나에겐 말 못 할 핸디캡이 있었다. 대학을 졸업하고 사회의 초년생을 지나 30대 초반까지 그 핸디캡으로 마음고생을 했다. 그것은 다름 아닌, 남 앞에 서서 말을 잘하지 못한다는 것이다. 대학 때도 남 앞에 설 기회는 많았지만, 무사히 피해갔다. 사회생활을 하면서도 역시 피해갔다. 피해가는 과정이 나에게는 고통의 시간이었다. 어떻게 하면 자연스럽게 남 앞에 서지 않을 수 있을까? 매번 고민했다. "저는 발표 못 하겠습니다. 발표공포증이 있습니다." 이렇게 말하는 것도 자존심 상하는 일이었다. 남 앞에 나서서 말하는 것만 없다면 정말 행복하겠다고 생각했다. 그런데, 그것 하나로 시시때때로 괴로운 시간을 가져야 했다. 그 시간까지 평생을 따라다니던 지긋지긋한 발표공포증을 해소하기 위한 전략이 필요했다. 도저히 더는 이런 괴로움을 당하고 싶지 않았다. 사람과 함께 더불어 살아가야 해서 이것은 반드시 극복해야 한다는 생각이 들었다.

새로운 직장을 갖기 전, 잠시 쉬는 시간에 나는 강의를 시도했다. "간호학원"의 임시 강사로 취직했다. 정규직은 아니었지만, 잠시 사람들을 가르쳤다. 하루에 3번 정도 저녁 시간에 강의하게 되었다. 수강생들은 '간호조무사' 국가고시를 보기 위해 공부하는 고3 졸업생이나 주부들이었다. 연령층이 다양해서 어떻게 강의의 중심을 잡아야 할까 고민하면서 강의를 준비했다. 첫 강의를 나가는 순간은 정말 포기를 하고 싶었다. '왜 내가 학원 강사를 신청했지?, 지금이라도 그냥 일이 있다고 그만둘까?' 피할 궁리를 했다. 안 하던 것을 새롭게 하는 것이 스트레스였다. 더군다나, 가장 오랫동안, 나를 괴롭혀 온 그 일을 지금 하려 하니 "후회막급이다."라는 생각이 들었다. 하지만 선택은 끝났다. 앞으로 나가는 일만 남았다. 죽이 되든 밥이 되든 나는 강의를 해야 한다. 결국, 물러설 수 없다는 마음으로 사람들 앞에 섰고 준비한 내용에 대해서 가르쳤다. 정말 첫날은 무슨 말을 어떻게, 무엇을 했는지 모를 정도로 긴장되고 떨렸다. 이런 긴장과 떨림이 계속될 것 같았는데, 강의하는 횟수가 많아질수록 사라지기 시작했다. 일주일에 3번씩 남 앞에 서니, 즐기는 마음마저 갖게 된 자신을 발견하게 되었다. 30년 넘게 나를 괴롭힌 발표공포증, 강의 울렁증은 강의를 통해서 해결되었다. 내가 얻고 싶은 것을 반복해서 연습하다 보면 어느 순간 소망하는 것들을 얻게 된다는 것을 또 한 번 느꼈다.

필사도 마찬가지이다. 글쓰기가 평생 고민거리였다 하더라도 필사를 한다면 필사한 책의 저자처럼 나도 쓰게 된다. '나는 왜 이렇게 글을 못 쓸까?' 고민하지 말자. 고민할 시간에 다른 작가의 책으로 자판을 두드려보자. 너무나 쉬운 방법을 코앞에 두고 말 못 할 고민에 빠진 사람이 많다. 스스로 조용히 생각해보면 알 수 있는 부분이다. 우리가 무엇인가를 배울 때를 생각해보자. 일단은 따라서 행동하는 것이 우선이고 기본이다. 어린아이는 걸음마를 시작할 때도, 말을 배울 때도 엄마, 아빠의 걸음과 말하는 것을 보고 수백 번, 수천 번 그대로 따라 하면서 습득한다. 누구도 자세히 가르쳐 주지 않아도 본능적으로 아이들은 안다. 그런데, 성인이 되어서 글을 쓰고 싶다는 생각, 내 인생 책 한 권 쓰고 싶다는 열망은 있지만 잘되지 않는다고 마음 한편에 간직한 채 한탄만 하며 남의 글을 따라 쓸 생각을 하지 못한다.

나의 인생 첫 책 《하루 한 권 독서법》의 첫 꼭지 글을 쓸 때, 절망감을 느꼈다. 분명 머리로는 책을 어떻게 써야 하는지 방법을 알고 있었다. 서론 쓰는 법, 본론 쓰는 법, 결론 쓰는 법, 어려운 점이 없다. 여러 번 반복해서 책 쓰는 법에 숙달했다. 그런데 막상, 써보니 잘 안되었다. 무엇이 문제인가? 머리와 몸이 하나인 듯하지만, 무엇인가를 배울 때는 따로 배우고 익혀야 한다고 생각하게 되었다. 자전거 타는 것을 머리로만 배울 수 있는가? 수영하는 것을 머리로만 배울 수 있는가? 배우는 모든 것을 머리와 몸, 따로따로 배우고 익혀야 한다는 것을 쉽게 알 수 있다. 글쓰기, 책 쓰기도 예외가 아니었다. 머리로 이해한 책 쓰는 방법, 이제는 몸으로 익혀야 하는 것이었다. 그 사실을 인지하지 못하고 나는 써지지 않는 꼭지 글 때문에 절망감을 느끼면서 '나는 역시 안되는가 봐. 괜한 시간 낭비를 했다. 송충이는 솔잎을 먹고 살아야 해.'라며 포기하려는 직전까지 갔었다.

그러면서 마지막으로 필사라도 해보자 하는 마음을 갖게 되었다. 그냥 포기하기에는 자존심이 상했다. '이것이 뭐라고, 마음의 상처만 받을 수 없다.'라는 오기가 생겼다. 간절히 바라는 것은 내 안에서 답을 찾게 된다. 쓰기 위해 필사를 시작하면서 나는 1꼭지 긴 글을 쓰는 감을 점점 잡게 되었다. 1꼭지만 쓰면 37개의 꼭지 글을 그것대로 쓰면 되는 것이기에, 1꼭지를 정복하기 위해 쓰고 또 썼다. 계속하는 것은 뭔가를 얻게 마련이다. 어렴풋한 감이 뚜렷한 감이 될 때까지 필사했다. 결국, 쓰면서 나도 이제 내 글을 써보고 싶다는 생각이 들었다. 그 생각은 쓰기에 대한 자신감이었다. 그래서 내가 필사한 대로 내용을 바꾸어 내 생각을 쓰기 시작했다. 내용이 뒤죽박죽이었지만 2장 반을 채웠다. 처음에는 1장을 채우기도 힘들었는데, 단지 필사만 했을 뿐인데, 쓰는 장의 수를 늘릴 수 있었다. 쓰는 양을 늘렸다는 것은 나름 쓰기에 대한 자신의 법칙이 생겼다는 것이다. 필사가 그것을 가능하게 해주었다.

그 당시 필사의 경험을 되짚어 보면, 필사가 글쓰기 고민을 해결하는 최고의 방법이었다. 지금 나는 필사를 하진 않는다. 필사 대신에 내 글을 쓴다. 이것도 필사 덕분이다. 물론, 좋은 책을 만나면 자판으로 필사한다. 그 당시, 내 글을 쓰는 성과를 제대로 낼 수 있었던 필사 비법을 정리해 보자면 다음과 같다.

우선은 쓰기 위한 필사이니 쉬운 책을 고른다.

필사한다고 하면 보통 사람은 위인들의 책, 유명한 기성작가의 책을 선택한다. 이 선택이 책 쓰기를 포기하는 결정적인 이유가 될 수 있음을 주의해야 한다. 기성작가의 책은 필사를 어느 정도 하고 난 뒤, 자신의 글을 쓸 수 있을 때 권한다. 처음에는 가장 쉬운 책으로 필사하는 것이 좋다. 쉽게 쓴 책이나, 작가의 첫 책을 찾아서 시작하는 것이다. 내 글을 쓰기 위한 필사이니만큼, 내가 따라갈 정도의 수준이어야 따라갈 용기도 나고 중도에 포기하지 않는다. 그래서 필사책의 선택이 아주 중요하다고 본다.

다음으로는 집중적으로 투자해서 필사할 시간은 최소 30일이다. 달성하고자 하는 영역에 따라 집중해야 할 시간이 달라진다. 핵심 행동을 집중적으로 수행하는 시기가 있지 않는다면 내 것이 되지 않는다. 하루 내내 집중한다고 그것이 내 것이 되는 것도 아니다. 시간 분산의 법칙을 적용해서 매일 일정한 시간을 투자하여 나의 것으로 숙달시켜야 한다. 글쓰기 같은 경우에도 몸에 익는 시간이 필요한데, 그것이 대략 한 달 정도의 시간이다. 정해진 분량만큼 매일 한 달 동안 필사하는 것이다. 한 달간 꾸준히 필사한다면, 쓰기에 대한 변화가 나타난다. 새로운 활동을 1순위로 넣지 않으면 내 것으로 만들기 힘들다. 딱 한 달간만이라도 필사를 1순위로 두고 생활해보길 권한다. 기상 시간을 조금 앞당겨도 좋다. 저녁 시간을 조금 줄여 일찍 잠자리에 들고 조금 일찍 기상해서 필사를 위한 시간을 만들어보자. 하루도 거르지 않음을 원칙으로 매일, 비가 오나 눈이 오나 기분이 좋으나 우울하나, 어떤 상황이라도 필사 하나는 한다고 생각하면 확실히 쓰기에 대한 마음가짐부터 달라질 것이다. 몸도 안다. 몸에도 두뇌처럼 인지능력이 있다. 몸으로 배우고 익힌 것은 또 다른 차원에서 나의 삶으로 다가오게 된다. 더 오래도록, 더 깊이 있게 몸으로 나는 쓰게 된다.

평생의 글쓰기 고민, 필사로 해결할 수 있다. 이제는 고민에서 벗어나야 한다. 글쓰기 고민은 나만 가진 고민이 아니다. 사실은 많은 사람이 혼자만의 고민으로 간직하고 있다. 내세워서 해결하려는 적극성을 보이지도 않는다. 왜냐하면, 글을 쓰지 않아도 당장 불편한 것이 특별히 없기 때문이다. 오히려 글쓰기가 불편함이 될 수 있다고 여기기에 변화를 시도하지 않는다. 이런 상황은 글쓰기 고민을 해결하는 방법이 아주 거창해야 한다고 생각하기 때문일지 모른다. 그것은 거창하지 않다. 집안에서 혼자서 혹은 다른 장소라도 남는 시간에 책 하나 선택해서 자판으로 두드리기만 하면 된다. 평생 고민이 이런 사소한 활동으로 해결된다는 것이 신기하게 느껴질 정도로 실제 해보면 확실하게 글쓰기 능력에 소득이 있음을 알게 될 것이다. 고민은 해결하라고 있는 것이다. 해결한 고민은 나의 삶을 가치 있고 풍성하게 만들 것이다. 그렇기에 고민을 그동안 해왔다. 글쓰기의 고민, 더는 하지 말고 이제는 필사로 고민을 떠나보내도록 하자. 글쓰기가 편해지면 나의 세상이 변한다. 더 많은 경험의 기회와 성장이 반드시 함께 할 것이라고 장담한다.

필사로 더 깊이 읽는다

아들은 얼마 전부터 색다른 수학학원에 다니기 시작했다. 일명, 하브루타 수학학원이다. 학생이 배운 것을 교사에게 강의하면서 수학 공부를 하는 학원으로 일반적인 학원과는 다르다. 아들은 학원 자체가 처음이다. 올해 중학생이 되는 아들에게 이제, 전문가의 손길이 필요하다고 판단했다. 그전에는 아빠와 함께 수학 공부를 했지만, 남편도 이제는 학원의 도움이 필요하다고 생각하고 있었다. 그러는 차에 아는 사람으로부터 "아이들이 직접 강의하는 수학학원이 있는데, 자신의 딸도 그곳에 다니고 있고 딸은 그 학원을 좋아한다."라고 말해주었다. 정말 관심이 생겼다. 체인학원이라 집 근처에 그 학원이 있는지 찾아보니, 다행히 가까운 곳에 있었다. 아이에게도 이야기하니, 좋다고 해서 시작하게 되었다. 그렇게 다닌, 아들은 아직 1달이 채 되지 않았지만, 그 학원의 매력에 빠졌다.

학원이 처음이기도 해서 더욱 좋았겠지만, 처음에 가졌던 강의에 대한 부담감을 해소하면서 잘 따라가고 있다. 집에 와서 영상으로 강의를 듣고 교재에 노트필기 한 후 배운 것을 스스로 강의한 것을 촬영해서 영상을 온라인으로 제출하고 학원에 가서도 선생님 앞에서 강의식 설명을 한다. 아들은 재미있게 잘하고 있다.

일반학원처럼 강의만 듣고 문제 푸는 방식이라면 아들은 어땠을까? 생각해본다. 첫 학원이라 처음에는 잘 따라가기는 할 것 같다. 왜냐하면 전문가의 가르침이니, 아무래도 설명도 비전문가인 아빠보다는 훨씬 좋을 것이기 때문이다. 하지만, 본인이 적극적으로 설명하고 강의하는 방식이 아니기 때문에 어느 순간 매너리즘에 빠질 수 있다. 하브루타 수학학원이 그런 면에서 아이들에게 자기 주도적인 공부 방식과 적극성을 계속 유지하고 설명함으로써 더 깊이 알 수 있도록 할 것이라 예상된다. 설명은 내용을 이해하고 자기 것으로 만든 다음에 나오는 행동이기 때문에 수박 겉핥기식 수확이 아니라 깊이 있는 수학 공부가 가능할 것이다.

책을 읽을 때도 깊이 읽는 방법이 있다. 그것은 바로 필사로 읽는 것이다. 이것은 눈으로만 읽는 것이 아니라 필사라는 적극적인 행동과 함께 읽는 것이다. 자신의 행동이 추가된 배움은 두뇌에 더 잘 각인된다. 독서 후 남은 기억들이 삶의 변화를 시도하게 자극한다. 처음에는 어설프더라도 꾸준히 필사하면서 읽는 것이 필요한 이유가 바로 이것이다.

〈책성원〉 예비 작가 중의 한 사람은 평상시에도 필사했다고 한다. 필사 상황이 안되더라도 가치 있는 책이 있으면 시간을 할애하여 필사했다고 한다. 〈책성원〉은 '책 쓰고 성장하고 원하는 삶 살기'의 줄임 말로 책 쓰는 비법과 경험을 공유하는 커뮤니티 모임이다. 다양한 분들이 모여 있다. 시간을 내서 필사하는 예비 작가는 필사의 가치를 깊이 깨닫고 일상 속에서 필사를 실천하고 있다고 이야기했다. "저는 책이 이해가 안 가면 필사를 합니다. 꼭 내 것으로 만들고 싶다고 생각하는 내용도 필사합니다. 필사가 놀라워요. 필사하면 작가의 의도와 의미가 나에게 다가옵니다."라고 힘주어 강조했다. 깊이 공감한다. 나도 매일 이런 경험을 하고 있다.

필사하면서 읽으면 몸 안에서 일어나는 변화들이 있다. 필사로 읽으면 책을 쓴 저자의 마음이 더 잘 느껴진다. 글로 표현되지 않은 저자의 마음을 인지한다 사람마다 필체가 있다. 사람마다 말투가 있듯이 쓰는 글에서도 그런 것이 있다. 새로운 직장에서 새로운 사람을 만난다면 그 사람의 말투가 담고 있는 의미를 먼저 파악하게 된다. 똑같은 "감사합니다."라는 표현이라도 사람에 따라 다른 의미를 내포하고 있다는 것을 안다. 어떤 사람의 감사함은 앞으로도 계속 잘 봐달라는 의미가 깊게 내포되어 있을 수 있고 또 다른 감사함은 마음에서 우러나온 진정성 있는 감사함이 포함되어 있다. 요즘은 대부분 비대면의 의사소통이 많다. 비대면의 의사소통의 대표적인 수단은 글이다. 글을 통해서 그 사람의 의도가 파악된다. 그런데 습관적으로 "감사합니다."라는 표현을 붙이는 사람에게는 감사함의 진정성이 덜 느껴진다. 그렇다고 "감사합니다."라는 말을 붙이지 않은 전달사항은 뭔가 빠진 느낌과 약간의 불편감까지 생길 수 있어 형식적으로도 "감사합니다." "고맙습니다"라는 표현을 붙이는 것이 맞다고 생각한다. 완전 양가감정이다. 너무 남발하면 안 되겠지만 적당한 타이밍에 마음을 담아 감사하다는 표현을 해야 하는 것이 맞을 것 같다. 결국, 보통은 글을 쓴 사람을 보고 그 글을 이해하고 받아들이게 되는 것이다. 필사하지 않고 읽기만 해도 글에서 그 사람을 느낄 수 있다. 필사한다면 글 쓴 사람의 마음속으로 깊이 들어가게 되어 더욱 그 마음과 의도가 나에게 전달됨을 알게 된다.

저자의 마음을 느끼며 읽을 수 있게 된다면 더 깊이 이해하게 되는 것이다. 깊이 읽게 되면 책의 핵심에 가깝게 가게 된다. 20/80의 법칙을 대부분 사람이 알고 있다. 100% 중 20%는 핵심, 80%는 비핵심이라는 것이다. 어떤 상황에서도 이 법칙은 적용된다. 맞는 말이다. 직장의 성과도 80%의 사람보다는 20%의 사람들에 의해 형성된다고 할 수 있다. 인정하고 싶지 않지만, 직장생활을 해보면 받아들일 수밖에 없다. 평범하게 얼마든지 직장생활을 할 수도 있고 직장에서 핵심의 역할을 할 수도 있다. 관리자라고 핵심 역할을 하는 것도 아니고 평범한 위치에 있는 사람이라고 비핵심 역할만 하는 것도 아니다. 본인의 선택으로 직위와 상관없이 20%에 들어가는 핵심적인 인물이 될 수 있다고 생각한다. 20%의 사람에 의해 조직은 순리대로 술술 굴러가게 되고 특별하면서 탁월한 조직도 된다. 1권의 책에서도 마찬가지 이 법칙이 적용된다. 만든 목차의 소제목이 40개라고 했을 때, 40개의 소제목 전체가 저자에게 중요한 핵심 메시지는 아닐 것이다. 저자가 특별히 그 책에서 강조하고 싶은 부분 즉, 핵심 부분은 분명히 따로 있다. 독자는 저자의 의도, 저자의 핵심 메시지를 얻기 위해서 한 권의 책을 읽는 것이기에 그런 의도와 핵심을 알게 되었다면 제대로 그 책을 읽었다고 하겠다. 필사하면 저자의 핵심에 더 빠르게

도달할 수 있게 되고 그렇게 된다면 그 책을 깊이 읽었고 이해했다고 볼 수 있다.

필사하면서 저자의 마음을 알게 되면 저자의 작은 실수들에 집중하지 않게 된다. 작은 것은 넘기고 큰 것에 의미를 두기 때문이다. 우리가 다른 사람을 오해하는 이유는 그 사람을 잘 모르기 때문이다. 낯선 사람에 대해서는 그 사람의 어떤 행동을 통해서 전체를 속단하는 실수를 범하기 쉽다. "저것도 모르나?"라는 자기중심적 판단으로 부정적인 선입견을 품게 된다. 만약, 그 사람을 이미 알고 있다면 그렇게 쉽게 속단하지 않는다. "어쩌다 실수했네. 괜찮아. 저 사람만의 매력이 있잖아."라고 생각할 수 있다. 책에서도 마찬가지이다. 처음 보는 작가의 책은 냉철한 시선으로 바라보게 된다. 그 작가의 책을 처음 읽기 때문이다. 하지만 나의 상황을 이야기하는 듯 세세한 경험을 책에서 읽게 된다면 그 작가에 대해서 관심을 가지게 되고 그 작가의 다른 책들을 찾아서 읽는다. 그렇게 되면 여러 번 만난 사람처럼 작가의 마음을 이해하게 된다. 그때부터는 맞춤법이 틀려도 크게 확대해석하지 않는다. 신랄한 악평의 대상이 되지 않는다. 비슷한 내용이 자주 보이더라도 다르게 해석할 수 있는 여유가 생긴다. 반복적으로 읽음으로 내 머리에 박힐 것이니, 내 삶은 더 변화한다는 긍정적인 생각을 할 수 있다. 내가 얻고 싶은 것은 작가의 실수들이 아니라 그 작가의 메시지이기 때문이다. 소소한 것들은 지나치고 그 작가의 핵심 메시지에 집중하면 된다. 내가 집중한 대로 책마다 작가의 강조 메시지를 얻고 작가의 경험대로, 작가의 메시지대로 나의 삶도 그렇게 변화될 수 있는 것이다. 필사를 통해서 저자의 마음을 아는 것이 독서 후 내 삶의 변화를 일으킬 수 있다는 면에서 필사로 읽는 것이 필요한 것이다.

　자판을 두르려 필사하면 더 깊이 읽을 수 있다. 눈으로 읽기만 할 때와
는 확연히 다른 느낌을 받는다. '필사를 어떻게 해'라고 생각할 수 있지
만, '필사는 손 글씨'라는 고정관념을 버린다면 필사는 쉽게 할 수 있다.
또한, 책 1권을 다 필사하지 않고 시간이 생길 때 필사해도 된다고 여유
롭게 생각하자. 자판으로 책을 쓰듯이 자판을 치며 필사를 하는 것이다.
필사로 책을 읽는 사람들은 생각 외로 많다. 필사의 가치를 알고 있는 사
람들이다. 책은 눈으로만 본다는 생각에서 벗어나 필사로 색다르게 읽는
사람들이다. 필사하면서 읽게 되면 일단은 잘 보이지 않던 중요한 핵심
을 볼 수 있다. 그것은 바로 내가 읽고 있는 책의 작가 마음이다. 작가 마
음을 어렴풋이 느끼면서 작가의 의도를 알게 된다. 이웃에 사는 사람의
마음을 알게 되듯이, 필사를 통해 책을 쓴 작가의 마음을 느끼면서 깊이
있는 소통이 가능하다. 작자가 말하려는 핵심 메시지에 가깝게 다가가
읽고 받아들이게 되는 것이다. 작가도 사람인지라 소소한 실수를 책에서
한다. 필사로 작가의 마음을 아는 독자는 그런 실수들보다는 작가의 진
솔하게 강조하는 메시지에 더 집중할 수 있게 된다. 한 권의 책 전체에서
20%에 해당하는 핵심 메시지를 받아들여 책을 제대로 소화할 수 있다.
읽는 책마다 더 잘 읽게 된다면 삶은 책의 영향을 받고 읽는 책에 따라 나
의 삶은 긍정적인 변화를 일으키게 될 가능성이 크다. 그냥 읽지 말고 이
제, 필사로 책 읽기를 도전해 보시길 권한다.

독서 습관을 삶에 세팅한다

아이들 잘잘못을 분명히 짚고 넘어가야 할 때가 있어요.
그때는 부모로서 요령이 필요하겠고
그 방법이 여기 《채근담》에 나옵니다.

첫째, 절대 화를 내지 말 것
둘째, 아이의 기분을 살피며 잘잘못을 짚을 것.

채근담이 아이들 교육에도 도움이 되네요^^

아침 《채근담》을 읽고 나는 인스타그램에 감상 글을 올렸다. 인스타그램에 글을 쓸 때, 아주 간단하면서 솔직하게 마음을 실어 올리는 것이 나만의 방식이다. 거창하게 쓰지 않는다. 말하듯이 글 쓰는 것도 평범한 일상처럼 생각한다. 글 쓰는 것이 어렵게 느껴지는 이유는 쓰는 것이 특별하다고 생각하기 때문이다. 글 쉽게 쓰는 법은 쉽게 생각하고 자주 쓰는 것이다. 책을 읽고도 쓰고, 기억해야 할 것이 있어도 쓴다. 시시각각 떠오르는 제 생각을 적으면 그것이 바로 글이 된다. 내가 인스타그램에 올리는 방법도 마찬가지이다. 읽고 번뜩 드는 짧은 단상을 옆에 있는 사람에게 말하듯 쓴다. 이렇게 간단히 쓰니 매일 글을 쓸 수 있고 공유도 할 수 있다.

이젠, 감상 글을 인스타그램에 올리기 위해 책을 읽는다. 순서가 바뀌었다. 처음에는 책을 읽었기 때문에 인스타그램에 글을 올렸다면 지금은 글을 SNS에 올리기 위해 책을 읽는다. 사실, 글 쓰고 책 쓰다 보면, 책을 읽는 시간이 줄어든다. 읽지 못하고 쓰기만 하는 날도 늘어난다. "읽지 않고 쓰는 것이 가능해요?"라고 질문할 수 있겠지만 가능하다. 여러 권의 책을 쓰고 난 뒤 변화된 나의 모습이다. 책 쓰는 방식이 첫 책 쓸 때와 조금 달라졌다. 남의 사례 대신에 나의 사례를 주로 사용하는 것으로 변화되었다. 책을 쓸 때는 사례와 메시지만 있으면 1꼭지 글을 써낼 수 있다. 사례를 찾고 메시지를 찾는 과정의 반복이 책 쓰는 과정이라고 할 수 있을 정도로 사례와 메시지를 정하는 것은 책 쓰기의 중요한 부분이라고 할 수 있는데, 나의 경험인 나의 사례를 내 안에서 찾아 쓰기 때문에 읽는 양이 다소 준다고 해도 책 쓰기에는 가능해졌다. 하지만, 인스타그램에 글을 매일 올리면서 이것을 하기 위해서라도 책은 매일 읽는다. 인스타그램으로 인해 나는 매일 아침, 읽기 위해 책을 편다. 인스타그램이 있어 나의 독서 습관은 주춤하지 않고 꾸준히 일정한 수위로 유지된다.

습관이 되는 과정은 단순하다. 좋은 습관이든, 나쁜 습관이든 비슷한 과정을 거쳐 잘 맞는 옷처럼 몸에 익숙해진다. 습관 되는 데 가장 중요한 핵심 2가지가 있다면, 그 첫 번째가 습관 만들고 싶은 그 행위를 매일 행동하는 것이다. 매일 하다 보면 지루함이 아닌 재미를 느낀다. 매일 행동하고 그 행동으로 재미를 느낀다면 그 어떤 것도 습관으로 만들 수 있다. 작은 아이는 손으로 만드는 것을 좋아한다. 얼마 전부터는 종이로 오뚜기를 만들기 시작했다. 오뚜기 도안을 노트북에서 출력해서 그것을 오려 입체적으로 만든다. 실제 오뚜기 모양이다. 만든 것을 보니, 종이로 만들었는데 인형 모양의 오뚜기가 굴려도 다시 일어나 선다. 신기하다, '안에 무엇이 들었을까?' 궁금해서 아이에게 물어보았다. 그랬더니, 구슬을 넣어놓았다고 한다. '아~ 구슬', "어떻게 이것을 만들게 되었니?"라고 질문하니, 유튜브에서 보았다고 한다. 도안을 인쇄하고 오리고 테이프로 붙이고 구슬을 넣어서 반복적으로 매일 만들고 있다. 만든 숫자만 해도 꽤 되는데, 아이는 재미있는지 계속 만들고 있다. 만드는 이유도 나름 정해두었다. 친구들한테 판다는 것이다. 하나에 1,800원 받고 팔 것이라고 한다. 조금 어이없는 상상력을 발휘하고 있는 딸아이가 귀엽게 느껴졌다. 종이로 만든 오뚜기를 누가 1,800원을 주고 사겠는가? 나는 딸아이에게 그렇게 매정하게 묻지는 않았다. 계속해서 아이는 눈만 뜨면 오뚜기를 만들고 있다. 어제도 만들고, 오늘도 만든다. 그저께도 만들었고 그 그 께도 만들고… 아이는 습관이 되어 아침마다 2~3시간씩 앉아서 내 눈에 의미 없어 보이는 종이 오뚜기를 온 정성을 들여 만들고 앉아있다. 이제는 일어나면 자동으로 오뚜기 만들던 작업 책상으로 가서 손으로 만지작거리면 발동을 건다. 시켜서 하라고 했다면 콧방귀 끼며 못 할 일이다. '공부를 저렇게 하면 얼마나 좋을까?' 나는 혼자 생각하며 '습관이 무섭구나,' 생각했다. 매일 하는 것은 습관이 되어 재미까지 느끼면서 자신도 모르게 자동으로 반복적으로 그 일을 한다. 아이나 어른이나 마찬가지로 나이와는 상관없이 그런 일이 일어난다.

아이가 만드는 오뚜기는 아이에게 최고의 재미이다. 어른인 내가 보기엔 만든 작품이 무가치하게 보일지언정 열심히 만든 아이는 최고의 걸작품이라 여긴다. 아이는 오뚜기를 만들면서 점점 노하우도 쌓고 있다. 처음에는 구슬을 그냥 넣어서 만든 것 같다. 그러다가 완성 후 구슬이 위, 아래로 돌아다니니, 제대로 서지 않자 인형 내부에 스카치테이프를 붙여서 위와 아래를 구분하였다. 그리고 다시, 구슬 공간을 더 좁혀서 만들었다. 역시 스카프 테이프로 만들었다. 그것을 나에게 설명하는 딸아이의 눈빛이 반짝인다. 내가 보기에는 별것 아니지만, 딸아이는 점점 성장하는 오뚜기 만들기 기술에 스스로 만족해했다. 만드는 방식이 점점 업그레이드되니, 스스로 대견하다고 생각하고 재미도 느끼는 듯하다. 그러니, 더 열중한다. 단어를 외우라고 하면 고작 10분 하면 다 외웠다고 책을 덮던 아이가 종이 오뚜기 만들 때는 그만하라고 할 때까지 시간 가는 줄 모르고 한다. 재미를 느끼는 일은 다 그렇다.

필사와 함께 하는 독서로 나는 책 읽는 재미를 느꼈다. 단지 30일만으로도 그 효과는 피부로 느낄 수 있다. 그 과정은 아이가 오뚜기를 만드는 것이 습관이 되는 과정과 같다. 내가 독서를 하게 된 계기는 육아서를 읽기 시작하면서이다. 다른 엄마들은 어떻게 아이를 키워냈는지 그 경험과 조언이 궁금했고 육아에 대한 노하우가 절실히 필요해 읽기 시작했다. 읽으면서 반복되어 나오는 좋은 비법은 필사도 했다. 필사는 거창하지 않았다. 간단하게, 필사 노트를 만들어서 내 마음대로 기록했다. 기록하니, 기록한 내용은 더 깊이 이해하게 되었고 기억에도 오래 남았다. 두뇌에 남아 있는 육아법은 귀한 내 아이를 키우는데 직접적 도움이 되었고 비법인 만큼 육아의 고단함을 줄여갈 수 있었다.

독서와 필사를 통해 육아의 노하우를 배우게 되므로 육아서를 매일 읽었다. 아이가 어릴 때, 남편을 따라 화천에 있는 사창리라는 곳에서 살게 되었다. 그곳은 공공 도서관이 없었다. 자가용 아이 시트를 장착하고 아이를 태워 30분 이상 고불고불 시골길을 운전해서 화천군을 찾았다. 그곳 도서관에서 최대 빌릴 수 있는 권수만큼 책을 빌렸다. 어린아이를 데리고 책을 고르는 일도 쉽지 않았다. 그래서 '육아'라는 단어만 보이면 바구니에 빠른 속도로 쓸어 모았다. 그렇게 공들여 빌려온 책은 탑을 쌓듯 쌓아 두었다. 쌓인 책의 제목을 집안일을 하면서 왔다 갔다 하면서 읽고 독서 욕구를 자극하곤 했다. 결국 없는 시간도 내서 읽기 시작했다. 아이가 어렸기에 독서 시간을 확보하기가 쉽지 않았지만, 마음이 있는 곳에 방법은 찾게 되듯이, 숨은 시간을 확보하여 시간은 크게 문제가 되지 않았다. 읽으면서 매일 필사하면서 스펀지가 물을 빨아들이듯이 많은 양의 육아 비법을 빨아들였다. 주로 육아서를 읽다 보니, 읽는 속도도 빨라졌다. 중요한 육아 노하우는 여러 책에서도 공통으로 쓰여 있어 건너뛰기가 가능했기 때문이다. 아는 것은 재량껏 통과하고 처음 보는 육아법은 자세히 읽었기 때문에 육아서 읽는 속도는 점점 빨라졌다. 모르던 중요한 내용은 필사도 했다. 역시 그때도 필사만 한 것이 없었다. 필사를 통해 육아 방법을 다양하게 깊이 생각하고 깨달았고 육아서를 쓴 작가의 마음이 내 심정을 대변하는 듯하여 역시 깊이 공감했다. 필사를 했기 때문에 깊이 있는 독서가 되었고 이것이 삶을 변화시켜 독서가 더 재미있어졌다. 그래서 더 자주 읽었다. 독서를 하면서 선순환이 일어나는 것이다.

필사를 통해서 독서 습관을 형성할 수 있다. 해마다 연초가 되면 사람들의 한해 포부 중 자주 등장하는 것이 바로 독서이다. 누구나 독서에 대한 중요성을 인지하고 있지만 해마다 실패하기 때문에 연초에 약방 감초처럼 매번 다짐의 대상이 된다. 그런데도 독서 습관 형성은 생각처럼 그리 쉽지 않다. 그래서 나는 쉽게 독서 습관 형성하는 방법으로 필사를 권하고 싶다. 필사의 다양한 효과가 있지만, 독서 습관 형성에도 필사만 한 것이 없다. 필사와 함께 읽는다면 30일만으로도 새로운 독서의 역사가 펼쳐짐을 느낄 수 있다. 이유는 필사 독서는 필사를 통해서 많은 내용을 인지하게 되어 책의 내용에 더 재미를 느낄 가능성이 크기 때문이다. 우리가 알지 못할 때, 재미가 없는 것이다. 독서량에 집중하게 되면 깊이에 취약해진다. 책의 내용을 슬쩍 흘려 읽게 된다. 하지만 필사는 슬쩍 흘려 읽는 것이 불가능하다. 한자씩 깊이 읽으면서 삶이 변화하는 재미를 느끼게 되고, 재미는 또한 매일 독서를 하게 만든다. 습관이 되는 가장 큰 이유인 재미를 느끼며 매일 책을 읽으니 독서 습관을 자연스럽게 형성한다. 이것을 가능하게 하는 것이 바로 필사이다. 그동안 독서 습관 형성에 쓴잔을 여러 번 마셨다면 이번에는 필사라는 색다른 방법으로 읽어보시길 추천한다.

책 쓰는 시스템장착 비법은 필사이다

책을 쓰고자 하는 사람은 점점 많아지고 있다. 사람은 내 삶을 글로 남겨 자식의 본보기가 되며 주변에도 노하우를 알려 긍정적인 영향을 전달하고픈 욕구가 있다. 자연스러운 마음이다. 누군가는 출간을 통해서 인생 2막을 준비하고자 한다. 책을 쓰고 싶은 이유는 다양하다. 간절함 또한 강하다. 하지만, 간절한 마음과 열정은 있지만, 막상 책을 써내는 사람은 많지 않다. 그 이유는 쓰는 시스템을 만들지 못했기 때문이라고 말하고 싶다. 바쁜 빡빡한 내 삶에서 쓰는 시스템을 일상으로 녹아내리지 못한다면 내가 바라는 출간은 어려울 수 있다. 책 쓰기에서도 시스템장착이 답이다.

쓰는 것을 내 일상이 되게 하는 방법으로 나는 필사를 권한다. 보통, 필사에 대한 선입견이 있다. 베껴 쓰는 것에 대한 가치를 잘 알지 못해서이다. 해보지 않았기 때문에 쉽게 속단한다. 필사한다면 쓰는 시스템을 스스로 장착할 수 있는데, 어떤 과정을 통해 그것이 가능한지 한번 생각해보겠다.

우선은 필사는 아무 생각 없어도 할 수 있다. 그저 베껴 쓰는 것이기에 부담 없이 시작할 수 있다는 것이다. 시작의 장벽이 아주 낮다. 우리가 가치는 잘 알지만 시도하지 못하는 이유는 시작의 어려움 때문이다. 시작이 그 일 달성의 50%라는 말이 그래서 나온 듯하다. 시작만 한다면, 어려운 것도 방법을 찾아가면서 이루어낼 수 있다. 시작하기 전의 생각과 시작 후의 생각은 아주 다르다. 시작 후에는 인지 못 한 잠재적인 역량을 발휘하여 많은 성과를 낼 수 있는 것이다. 수많은 사람이 책 쓰기를 각오하지만, 시작의 난관에 부딪힌다. 하지만 시작을 필사로 한다면 문제없다. 필사로 시작한다면 누구나 책을 쓸 수 있다고 판단한다. 그런데, 사람들은 책 쓰기의 시작이 필사여야 한다는 사실을 잘 모른다. 필사를 통해서 책 쓰기를 쉽게 시작할 수 있고, 결국 책 1권을 써낼 수 있는 감각과 능력을 체화하게 된다는 사실을 아는 사람은 그리 많지 않다. 비싼 책 쓰기 과정을 찾아 이리저리 시간 낭비하지 말고 혼자서 집에서 조용히 필사부터 하길 권한다. 멘토의 도움이 필요한 것도 있다. 목차 만들기이다. 1년을 투자해도 책을 쓸 수 없는 목차를 가지고 씨름하는 사람을 봤다. 목차 만들기에 멘토의 도움이 필요하다면 과감히 도움을 요청하고 책 쓰기에서 가장 중요한 1꼭지 쓰기는 필사를 통해 감을 잡으면 된다. 쉽게 시작할 수 있는 필사로 쓰기 시스템 장착하시길 바란다.

둘째, 쓰다 보면 작가가 된 느낌을 받는다.

작가는 글을 쓰는 사람이다. 필사하면서도 비록, 내 글은 아니지만 이미 내가 작가인 듯한 느낌을 받을 수 있다. 1꼭지, 1꼭지 글을 쓰며 그 긴 글을 내가 직접 쓰는 것처럼 행복한 감정에 빠진다. 행복한 감정은 나의 뇌리에 좋은 기억으로 깊이 각인된다. 사실 내 손가락 움직여 자판을 두드려서 한글파일에 쓰는 것이니 내가 쓰는 것이 맞기도 하다. 필사를 할 때마다 초집중하면서 나는 작가가 되는 것이다. 1꼭지라면 A4 2장의 글이다. 보통, 1장 쓰기도 힘들다. 필사로 2장을 매일 반복해서 쓰면 내가 그 글을 직접 쓰는 행복한 느낌을 일으키는 것은 당연하다. 네빌고다드는 소망 현현의 비법으로 본인의 '느낌'을 강조했다. 간절한 꿈과 목표가 있다면 내가 그것이 달성되었다는 것을 상상하고 미리 그것을 자주 느끼면 실제 이룬 것처럼 생각되고 그 생각대로 현실이 된다는 것이다. 예를 들어, 1권의 책 출간이 나의 목표라면 종이 냄새나는 따끈따끈한 내 이름 박힌 책을 내가 보고 있다고 상상해보는 것이다. 그리고 그 느낌을 지금 가져보는 것이다. 느낌은 상상만으로도 가능하다. 그 느낌을 지금 현시점에서 매일 반복할 수 있다면 그 느낌대로 나의 삶이 흘러가게 되며 상상에서 본, 그 책을 직접 눈으로 보는 날이 다가온다고 한다. 매일 1꼭지 글을 쓰면서 작가 같은 느낌으로 산다면 그 느낌이 현실로 드러나게 될 것이다. 내가 《하루 한 권 독서법》을 쓸 때, 필사하면서 나는 작가의 기분을 미리 느꼈고, 네빌고다드의 주장대로 실제 작가가 되는 계기가 되었다.

셋째, 쓰다 보면 글의 구조가 보인다. 어떤 마음으로 읽느냐에 따라 글은 다른 의미로 나에게 다가온다. 내용에 집중하며 읽었을 때는 글의 구조가 잘 안 보였다. 단지, 내용만이 보였다. 내용에서 작가가 특별히 강조한 부분, 내가 취해야 할 부분 위주로 독서를 했다. 하지만 쓰면서 읽으니 독자의 입장에서만 읽을 때 보였던 내용뿐 아니라 글의 구조가 보인다. 하나 더 보이는 것이다. 그래서 책을 쓰고 난 뒤 글을 읽어야 한다는 생각을 나는 가지게 되었다. 내용만 보이는 독서는 빨리 잊어버린다. 내용에다가 글의 구조가 보인다면, 기억이 더 오래간다. 또한 쓰는 것에도 당연히 도움이 되는 것이다. 우리가 짧은 글이 아닌 긴 글을 잘 못 쓰는 이유가 글의 구조가 익숙하지 않아서인데, 이 구조, 설계도가 보이게 된다. 필사라는 쓰는 과정을 통해서 긴 글의 구조를 배우게 되고 몸에 익혀 내 글쓰기로 연결되는 새로운 독서의 세계가 열리는 것이다.

넷째, 그 구조에 맞추어 나도 쓸 수 있겠다는 생각이 불현듯 생긴다.

방법을 알면 자신감이 생긴다. 우리가 스트레스를 받는 이유는 어떻게 하는지 그 방법을 몰라 안개에 갇혀있는 느낌으로 헤맬 때이다. 새로운 영역의 일이 스트레스 상황인 것도 같은 이유이다. 방법을 알 때 자신감도 생기고 그 자신감을 바탕으로 다양한 시도를 하게 된다. 필사하면 긴 글의 구조를 익히고 배우게 되어 내 글도 써보자는 마음이 스멀스멀 일어나 내 글쓰기를 시도하게 된다. 설사, '가다가 포기하더라도 1꼭지 나도 필사한 대로 해보자'라는 용기가 생기는 것이다. 이렇게 쓰고자 하는 용기가 생기는 것이 어디인가? 필사를 했기 때문에 가능하다. 필사를 하기 전에는 책을 쓰겠다는 간절함만 가득했으니 두렵고 무엇을 해야 할지 몰라 행동으로 옮기지 못했었는데, 필사를 통해서 자신감으로 행동도 하게 되는 것이다. 이런 자신감과 용기는 불현듯 생긴다. 나의 경우 필사를 한 지 2달째에 생겼다. 어떤 사람은 필사를 30일 정도 했을 때, 그런 생각이 들었다고 한다.

다섯째, 남의 글을 쓰거나 내 글을 쓰거나 매일 쓴다.

필사하면서 나도 내 글을 쓸 수 있겠다고 생각했다. 그리곤 내 글을 쓰기 시작했다. 그 시점은 사람에 따라 다를 것이다. 하지만 분명한 것은 내가 베껴 쓴 글대로 나도 반드시 쓰게 된다는 것이다. 이것이 바로 모방의 위대함이다. 내 경우에도 필사하면서 여러 번 1꼭지 쓰기를 시도했다. 생각은 역시 생각이었다. 여러 번 실패하고 난 뒤 목차를 완성하고 실제 1꼭지를 완성한 것은 2박 3일의 시간이 소요되었다. 하지만 완성했다. 포기만 하지 않고 계속 생각하고 또 생각하다 보면 성공할 수 있다. 한번 완성한 1꼭지 글쓰기는 그다음에도 완성할 수 있다는 확신을 주었다. 그렇게 1꼭지, 1꼭지 완성해 나가게 된다. 필사를 통해서 내 글도 쓰게 되고, 내 글이 잘 안 써질 때는 다시 남의 글로 매일 쓰면서 쓰는 것이 익숙해지게 된다.

여섯째, 쓰지 않았을 때, 마음이 불편하다면 쓰기 시스템장착이 내 삶에 완성되었다는 의미이다.

매일 하던 일을 하지 않았을 때 어떤 느낌인지 알 것이다. 뭔가 빠진 느낌을 받는다. 필사도 마찬가지로 매일 하다가 안 하게 되면 그런 느낌이 생긴다. 이렇게 느끼게 된다면 필사는 나의 삶으로 확실히 들어와 내 삶을 혁신적으로 바꿀 것이다. 맘껏 기뻐해도 된다. 필사하다가 혹은 긴 글 쓰다가 일부러 하루쯤 건너 뛰어보자. 그리고 그런 불편한 느낌이 든다면 확실히 이미 당신도 1꼭지 쓰기 시스템을 장착한 것이다. 시스템장착 수준까지 글쓰기가 이루어졌다면, A4 2장, 비록 남의 글이지만 그 분량을 쓰는 것이 핸드폰 메시지 쓰기처럼 쉬워진다. 필사를 매일 안 하면 이상한 느낌을 가질 때, 쓰는 삶을 살 수 있다. 매일 쓰는 것이 자연스러운 일상이 되는 것이다. 안 하면 뭔가 이상한 느낌이 들 때까지 필사하기를 권한다.

책을 쓰기 위해서는 쓰는 시스템을 먼저, 장착하는 것이 필요하다. 짧은 글은 누구나 평상시 쓰면서 산다. 문제는 긴 글이다. 긴 글은 1문장이 아니라 A4 2장 정도의 글이다. 긴 글을 써야 소망하는 출간이 가능하다. 긴 글쓰기를 몸에 익히는데, 경험상 필사가 가장 쉽다. 그저 베껴 쓰기만 하면 된다. 비록 내 글은 아니지만 쓰는 것이 몸에 익는다. 이렇게 쓰기가 시스템화된다. 책 쓰기를 원하는 사람이라면 쓰기를 시스템화하는 것이 중요하고 시스템화하는 최고의 방법이 필사임을 깨우쳐야 한다. 고가의 책 쓰기 과정에서 이것을 대신해주진 않는다. 돈으로 다 해결될 것 같으면 세상일이 훨씬 쉬울 것이다. 긴 글쓰기를 몸에 익히고 쓰기를 내 삶에 시스템화시키는데 필사가 해답이 된다. 쉽고 간단히 필사하면 놀라운 일이 일어난다. 단지, 하루 30분 투자해서 30일 동안 속는 셈 치고 필사해보자. 의심하는 시간에 그냥 깊이 생각하지 말고 타자로 베껴 쓰길 권한다. 필사라는 쓰기를 내 삶으로 끌어들이고 시간이 지날수록 쓰기가 시스템으로 내 삶에 정착되어 좀 더 쉽게 출간을 이루시길 바란다.

글쓰기, 좌절이 오는 이유

    내가 글을 쓰면서 가장 좌절감을 느꼈을 때는 인생 첫 책을 쓸 때였다. A4 2장을 37번을 써야 출간할 수 있다고 했는데, 나는 한 번 쓰기 힘들었다. A4 2장이 그렇게 넓은 공간처럼 느껴본 적이 없다. '무엇으로 이 넓은 지면을 다 채울 수 있을까?' 고민하고 또 고민했다. 그때, 다행스럽게도 나는 필사를 하는 중이었다. 책 쓰기를 본격적으로 하기 전부터 나는 필사했다. 가장 쉬워 보이는 책, 내가 쓰려는 주제와 비슷한 책을 선택해서 '도대체 작가는 어떤 내용으로 A4 2장을 채우는가?'라는 궁금점으로 촉각을 곤두세워 필사했다. 독자의 관점이 아니라 작가의 관점으로 필사를 한 것이다. 내 마음 안에 어떤 마음이냐에 따라서 세상은 달라 보이듯이, 필사할 때도 마찬가지였다. 보통 필사가 독자의 마음으로 그 책의 가치 있는 내용을 몸에 주입하는 것이라면 책 쓰기를 위한 필사는 쓰는 방법들에 대해 집중하고 익히려는 것이었다. 반복적으로 필사하면서 글이 만들어지는 방식들을 체화했다. 그래도 막상 내 글을 쓰려고 하면 막막한 생각이 든다. 나의 경우, 인생 첫 꼭지 글을 쓸 때, 글쓰기에 대해 가장 번뇌하는 시간이었다. 첫 꼭지인 A4 2장 쓰는데 2박 3일의 시간이 흘러도 종잡을 수 없는 복잡한 심경이었다. 좌절감 또한 깊어, '이것을 계속해야 하나? 말아야 하나?' 생각했다. 온갖 부정적인 생각들이 나를 바닥으로 끌어내려 꼼짝달싹할 수 없는 상황이었다. 하지만 포기하지 않으니, 고민했던 시간은 밑거름이 되었고 해답을 찾아 앞으로 나아가면서 좌절감도 조금씩 회복했다.

아들은 어제 학원 입학시험에서 보기 좋게 미끄러졌다. 평상시, 나는 학원에 대한 신뢰감이 그렇게 두텁지 않다. 일방적인 주입식 교육이라고 생각했다. 부모들의 불안감을 사업수익의 수단으로 활용한다고 여겼다. 하지만, 이번만은 아니다. 직장 동료가 이번에 원하는 대학을 입학한 아들의 이야기를 하면서 아들이 다닌 학원을 알려주었다. 이 학원은 영어, 수학만 가르치는데, 이 2과목으로 배움의 자세, 공부의 방법을 몸에 배도록 지도한다는 것이다. 기계처럼, 공부만 시키는 것이 아니라 사람됨과 인성을 강조하면서 공부를 시킨다고 했다. 주말까지 학원에서 공부해야 하는 강행군이지만 아이들별 특성을 최대한 존중하며 세심하게 지도한다고 했다. 처음으로 아이들을 학원에 보내고 싶은 마음이 생겼다. 그래서 아들에게도 이 학원에 관해서 이야기해 주었고 아들은 그 학원에서 열심히 공부해보고 싶다는 의지를 보였다. 그렇게 3개월간의 학원 입학을 목표로 공부를 시작했다. 영어 문법을 위해 집에서 하는 과외를 시작했고, 수학 시험 대비를 위해 인근 학원에서 공부했다. 드디어 시험 날이 되어, 나는 아이를 시험 보는 학원에 태워주고 근처에 주차해서 기다렸다. 1시간이 지난 이후 아들은 차로 왔다.

"엄마, 시험은 쉬운 것 같은데 기억이 안 나서 잘 못 썼어. 떨어질 것 같아. 미안해."

나는 아들을 위로했다. "시험 결과보다 더 중요한 것은 최선을 다하는 거야. 최선을 다했다면 괜찮아. 그리고 좋지 않은 결과가 나왔다고 하더라도 그것을 배움의 과정으로 여기면 된다. 앞으로 어떻게 공부해야 할지, 어떤 자세로 공부할 것인지 새로운 각오를 다짐하는 기회로 삼으면 되는 거야."라고 말해줬다. 아들은 몹시 좌절한 표정이었다. 자신이 그 정도로 못하는 줄 미처 몰랐다는 좌절감이 얼굴에 그대로 드러났다. 그동안 고생한 아들을 위해 아들이 먹고 싶다던 스파게티를 먹으러 갔다. 먹는 중에 학원으로부터 문자메시지가 왔다. 벌써 결과 통보가 온 것이다. 내용은 참혹했다. 이번 시험이 2번째인데 첫 번째 시험보다 조금 실력이 나아지긴 했지만, 수학 같은 경우에는 기초실력 미달이라는 내용이다. 그 내용을 보니, 엄마인 내가 좌절감이 생겼다. 그러면서 주마등처럼 스치는 것이, 아들이 공부할 때마다 내가 방에 들어가면 황급히, 핸드폰을 치우는 모습이 생각났다. 거의 매번 그랬다. 처참한 시험 결과에 대해 아들에게 화가 났지만 어쩌겠는가? 학원 결과 메시지를 대략 이야기해 주고 앞으로 더 열심히 하자고 마무리 지었다. 아들이 시험을 보기 전, 아들은 열심히 했다고 이야기는 했다. 하지만 사실, 객관적인 측면에서 봤을 때는 그 말이 맞는 말이 아니었다. 매일 마음을 다해 공부하지 않았고 진정한 성장에 초점을 두지 못했을 수 있다. 그 외에도, 결과가 좋지 못한 분명한 이유가 여러 개 있을 것이고 그것으로 인해 아들도 엄마인 나도 결국에는 좌절감을 느끼게 된 것이다.

원하는 결과를 얻기 위해서는 행동해야 한다. 합격하고 싶은 마음이 아들에게도 분명히 있었을 것이다. 하지만 행동이 그 마음을 따라가지 못했다. 합격이란 소망을 현실로 만들기 위해 묵묵히, 누가 보든 안 보든 해야 했는데, 이것저것 유혹에 넘어가 버리고 말았다. 과정 중에 어렵고 힘든 부분도 분명 있었을 것이다. 그런데도 새롭게 도전했어야 했다. 쉬운 해소법인 영상보기로 위안 삼을 것이 아니라 그 시간에 단어 하나라도 외워야 했었다. 그런 행동이 아쉽다. 목표를 완성하기 위해, 하루하루 성실히 하는 그것 외에 특별한 비법은 없음을 기억해야겠다.

글을 쓰는 것도 마찬가지이다. 글을 잘 쓰고 싶은 마음이 있다면 일단, 써야 한다. 글을 쓰고 싶고 써야 할 상황임에도 쓰지 못하는 때도 있다. 그 이유는 무엇일까? 그동안 쓰는 행동을 하지 않았기 때문일 것이다. 하지 않은 행동은 발동을 거는데, 시간이 걸리는데, 자꾸 그 행동이 익숙하도록 시도해야 한다. 쓰기도 마찬가지이다. 쓰기에 좌절감을 느끼고 쓰기를 꺼리는 사람들이 알고 있어야 할 부분은 지금 쓰지 않으면 내일은 더 쓰기 어렵고 하기 싫다는 것이다. 도저히 재미가 없어진다. 쓰는 일이 정말 삶에서 중요한 부분이 되고 있음을 판단한다면 그냥 써야 한다. 그냥 쓰는 것이 왜 그렇게 어려울까? 잘 쓰려는 생각을 버린다면 그것도 쉽게 가능하리라 생각해본다. 편안한 마음으로 욕심을 내려놓고 내 글이 아닌, 남의 글부터 쓰기 시작하는 것이다.

〈책성원〉 커뮤니티 모임에서 공저 쓰기를 진행하고 있는데, 진행 중 2명의 예비 작가님이 중간에 그만두었다. 한 사람은 꼭지 글 한 개만 쓰고 그만두었고 또 다른 사람은 꼭지 글 8개를 다 쓰고 나서 포기했다. 이 두 사람의 공통점은 평상시 글을 쓰지 않았다는 것이다. 1꼭지를 쓴 사람은 내 글을 못 쓰면 필사라도 꾸준히 해야 했고 8개의 꼭지 글을 다 쓴 사람은 먼저 썼지만 다 쓰고 나서 역시 다른 내 글을 쓰든지 아니면 필사를 해야 했다. 필사든, 인스타그램의 짧은 글이든 쓰지 않는 공백의 시간이 없어야 했는데 그렇게 하지 못했다. 정말, 중요한 점은 내 글을 못 쓸 상황이라면 필사라도 하면 된다는 것이다. 비록 내 글은 아니지만, 자판으로 쓰는 글쓰기 감각을 유지할 수 있다. 글쓰기의 감각은 약 효과와 같다. 예를 들어 항생제는 보통, 하루 3번, 8시간 간격으로 복용한다. 고혈압약도 마찬가지이다. 한번 먹는 약이지만 되도록 일정하게 아침 시간에 복용하라고 권장한다. 이유는 혈중 약 성분의 양을 동일하게 유지하기 위해서이다. 필사도 매일 일정한 시간에 하면 글 쓰는 감각을 잃지 않고 유지한다. 또한 새롭게 깨닫는 것도 있다. 그래서 1꼭지 글을 써서 책을 쓰고 싶은 사람이라면 1꼭지 필사를 꼭 해야 한다는 것을 나는 강조한다. 한 분은 1꼭지 글을 써두고 2번째 꼭지 글을 시도했지만, 도저히 써지지 않는다고 어려움을 호소했다. 평상시 필사라도 했다면 그렇게 포기까지 하지 않았을 건데, 필사도 하지 않고 자신의 글을 쓰려고 하니 고통에 가까운 어려움을 겪게 된 것이다. 차라리 꼭지 글이 잘 안 써질 때는 필사를 하는 것이 낫다. 그러다가 내 글쓰기로 옮겨가면 훨씬 수월했을 것으로 생각한다.

다른 한 사람은 초고를 완성하고도 공저 쓰기를 포기한 이유는 퇴고의 어려움 때문이다. 퇴고도 초고 쓰기와 마찬가지로 내 글을 쓰는 것이다. 초고 완성이 책 쓰기의 끝이 아니다. 초고를 다 쓴 이후에 그다음 단계인 퇴고가 있는 것이다. 퇴고할 때 미숙한 초고를 읽히는 수준의 원고로 업그레이드하는 작업을 해야 하는데, 이 부분이 힘들다고 말했다. 원고 주제가 '필사'에 대한 것이면, 필사하면서 퇴고도 해야 한다. 하지만, 이 예비 작가의 경우는 필사하지 않았다. 초고를 쓸 때는 열심히 필사했지만, 초고 완성 후 필사를 그만두었다. 글은 자신의 경험을 쓰는 것인데, 필사하지 않은 상태에서 필사에 대한 경험을 퇴고하려 하니 어려움이 찾아온 것이다. 그리고 자신이 쓴 글에 자신감이 점점 없어진다. 필사하지 않으니, 왠지 독자에게 거짓말을 하는 듯이 죄스러움도 생겼을 것이다. 내가 쓰는 주제는 실제 나의 삶이어야 함이 여기에서도 명백히 드러난다. 내 삶이 아닌 내용을 주제로 책을 쓸 수 없다. 물론, 공부를 통해서 그 주제에 관해서 책을 쓸 수는 있지만, 가장 확실한 방법은 나의 삶을 글감으로 책을 쓰는 것이다. 그것이 책 쓰기의 가장 기본이다. 공저 쓸 때의 초심을 유지할 수 있었다면, 많은 독자에게 동기부여 하는 귀한 책이 될 수 있었을 텐데, 정말 안타까운 마음이었다.

이 두 사람을 봤을 때, 글쓰기는 초기에만 좌절감이 오는 것이 아니라는 사실을 알게 된다. 처음 글을 쓸 때 어려움을 느끼지만, 그 기간을 어렵게 잘 넘기고 꼭지 글을 여러 개 쓴 이후에도 좌절감은 생길 수 있다는 것이다. 글은 내 글이든 남의 글이든 꾸준히 매일 써야 한다는 것이 중요하다. 맞다. 나는 여러 권을 출간했지만 쓸 때마다 고민하면서 쓴다. A4 2장을 어떻게 채워야 할지 한참 동안 생각한다. 그런데, 1꼭지 글쓰기를 안 한 다음 날에는 이런 고민이 더 길어진다. 쓰기가 더 어려워지는 것이다. 고통의 수준에 가까운 감정을 느낀다. 그래서 쓰기가 고통스럽지 않고 조금은 시원스럽게 술술 쓰기 위해서 나는 매일 쓰겠다고 다짐했다.

글쓰기에 좌절감을 느끼는 것은 당연하다. 사람마다 정도의 차이가 있을 뿐이다. 처음 글을 쓸 때는 막막하다. 무엇으로 A4 2장을 채워야 할지 난감하다. 하지만 그 누군가가 했다면 나도 할 수 있는 법. 그 누군가가 했던 그것을 하기 위해 필사를 시작하면 도움을 받을 수 있다. 한번 필사를 시작하고 난 뒤 반복해서 필사한다면 글쓰기에 대한 감을 잡는다. A4 2장 쓰는 방식을 배우고 조금씩 알게 되니, 그래도 덜 막막해진다. 포기하고 싶은 그 감정이 줄어든다. 나는 책 쓰기에 대해서 흔들림 없는 개똥철학이 있다. A4 2장 쓰기가 괴롭지 않도록 글은 매일 써야 한다는 것이다. 내 글이든 남의 글이든 안 쓴 날이 많아질수록 글쓰기라는 좌절감에서 벗어나기 힘들어진다. 쓸 때마다 괴롭지 않기 위해서라도 내 글을 쓰거나 내 글을 쓰지 못할 때는 필사를 하는 것이 좋다. 우리의 뇌는 내 글이나 남의 글이나 구분하지 않는다. 그냥 쓰는 자체로 뇌에는 쓰기에 관한 오솔길이 아니라 고속도로가 만들어질 것이다. 글쓰기, 책 쓰기에 대한 뇌의 고속도로화는 심한 좌절감으로부터 우리를 해방토록 할 것이다. 쓰기가 나의 삶이 되고 그 행복한 쓰기의 삶을 우리는 즐기며 살게 될 것이다.

남의 글을 써봐야 내 글도 쓴다

인생 첫 책을 쓰기 전, 나는 '글쓰기' 하면 처음부터 내가 생각한 것을 쓰는 것이 당연하다고 생각했다. 필사는 꿈에도 생각하지 않았다. 정말 착각 속에서 살았다. 어떻게 처음부터 달리기를 할 수 있겠는가? 기는 것부터 하면서 걸음마도 하고 걸음마 다음에 아장아장 걸어보면서 달리기도 시도해보는 것이다. 그것처럼 글쓰기도 마찬가지이다. 왜 글쓰기는 바로 달리는 수준이어야 한다고 생각했을까? 걸음을 배우듯이 차근차근 글쓰기를 해야 하는데 글쓰기에서만 혼자서 바로 쓰는 기대를 하고 있었다. 만약, 혼자서 쓰지 못하면 '나는 글쓰기에 젬병인가 봐.'라고 부정적인 정체감을 쉽게 설정해 버렸다. 돌이켜 보니, 너무 황당해 신기할 따름이다. 명확히, 나는 말할 수 있다. 남의 글부터 써야 내 글도 쓴다고. 글이라면 타고나서 쓰는 것이라고 그동인 글쓰기에 대해서 깊이 생각하지 않았기 때문에 당연한 편견이었다. 궁금해하는 사람도 가르쳐주는 사람도 없으니, 우린, 무조건 처음부터 자신의 글을 쓰는 것이 당연하다고 여겼다. 특히, 우리나라에서는 글쓰기를 배울 기회가 많지 않다. 나는 자신의 특별한 의지가 없다면 거의 없다고 말하고 싶다. 지금은 상황이 많이 변화되었지만 내가 자랄 때만 해도 더 심했다. 말하기가 중요하듯이 소통을 위해서는 글쓰기도 매우 중요한 것이란 것을 최근에 더욱 많이 느끼고 있다. 사회적인 분위기도 글쓰기의 가치를 강조하고 있다. 특히, 글쓰기가 하루아침에 이루어지는 것이 아닌 만큼 초등학생 때부터 강조하고 있다. 이런 상황에서도 글쓰기는 자신의 글부터 쓰라는 분위기이다. "남의 글부터 써야지. 내 글도 쓸 수 있다."라고 말하는 사람은 별로 못 봤다. 나는 강조하고 싶다. 처음부터 자신의 글을 쓰려 노력하지 말라고. 처음에는 남의 글부터 쓰는 것이라고. 모든 일에는 순서가 있듯이, 글쓰기에서도 남의 글을 쓰는 것이 먼저 해야 할 순서이다.

나는 초등학생인 아이들에게 필사를 권했다. 필사하는데, 나이가 따로 있지 않다. 오히려 어린아이일 경우 필사를 시작하기 더 쉽다. 어릴수록 더 잘 수용하기 때문이다. 거부감없이 시작한다. 내 아이들도 그렇게 필사를 시작했다. 어차피 모르는 것은 마찬가지라고 생각해서 논어를 한 구절씩 필사시켰다. 그리고 체크리스트를 만들어 매일 체크하게 하고 30일 체크 완성하면 그 보상으로 2만 원 상당의 갖고 싶은 선물을 살 수 있도록 했다. 아이들은 선물을 위해서라도 스스로 매일 필사하고 체크했다. 몸은 쉽게 패턴에 적응된다. 두 달, 석 달 필사를 하고 나니, 아이들은 선물과 상관없이 필사했다. 습관 형성이 되고 난 뒤에는 책도 조금은 쉬운 책으로 바꾸었다. 아이들이 좋아하는 책으로 필사를 하게 했더니 더욱 재미를 붙였다. 필사 석 달 정도 하고 난 뒤 나는 글쓰기의 가장 기본인 서론-본론-결론을 가르쳐 주었다. 서론-본론-결론이란 용어가 낯설 것 같아서 1, 2, 3으로 바꾸어 설명했다. " 자, 오늘부터 3문장 쓰기로 할 건데, 그것은 1, 2, 3 순서로 쓸 거야. " 아이들은 아무것도 모르는 천진한 얼굴로 가르쳐주는 대로 잘 따라 했다. 정말 아이들 교육에서는 시기가 중요한 것 같다. 만약, 한참 사춘기에 접어드는 중학교 때 필사와 1, 2, 3문장 쓰기를 권했다면 과연 아이들이 순순히 시작했을까? 하는 생각이 든다. 보상인 2만 원 상당 선물은 아예 먹히지도 않을지도 모른다. 그렇게 초등학생인 아이들은 필사, 3문장 쓰기를 했고, 1년이 지난, 지금도 꾸준히 하고 있다.

필사와 3문장 쓰기의 영향인지 아이들은 학교 글쓰기 숙제를 무난히 잘하는 편이다. 남의 글을 쓰면서 내 글을 어떻게 써야 하는지 최소한 감을 잡은 듯하다. 아이들 쓴 내용을 읽어보면 특별하지 않은 내용이더라도 10문장은 거뜬히 써 내려갔다. 쓰는 공식을 알고 있으니, 길게 여러 문장으로 쓰는 것은 아이들에게 익숙해졌다. 글을 잘 쓰고 못 쓰는 것이 중요한 것이 아니라 글을 통해서 자신을 표현하는 것에 거침이 없어졌다는 것이다. 말과 함께 또 하나의 표현 도구가 생긴 것이다. 어떤 사람의 경우 말은 아주 능숙히 자유자재로 사용하지만, 글쓰기에 있어서만은 유독 자신감 없어 하기도 한다. 일관된 모습을 보여야 하는데, 말할 때와 글 쓸 때가 너무나 다르다면 그 사람에 대한 신뢰감이 떨어질 수 있다. 지도자가 되기 위해서는 글 쓰는 것도 당연히 몸에 익혀야 할 부분이 될 것이다.

글쓰기도 다른 기능을 익힐 때와 마찬가지로 다른 사람이 쓴 것을 보면서 배워야 한다. 배우지 않고 할 줄 아는 사람은 세상에 없다. 하지만 우린 글쓰기만큼은 배우지 않고 그냥 쓰는 것으로 알고 있다. 삶에 유용한 기능일수록 우린 알게 모르게 배우고 익히려고 노력한다. 하지만, 글쓰기는 아니었다. 말하는 것도 최근 가르치는 곳이 늘어가고 있듯이, 글쓰기도 배울 수 있는 곳이 늘어가고 있다. 말하기와 글쓰기, 어쩌면 가장 필요한 인간의 기능이자 갖추어야 할 능력인데, 그것에 대한 인지가 약해 배우고 익히는 데 인색했다.

남의 글부터 쓰면 무엇이 달라질까? 혼자서도 쓸 수 있다. 어차피 남이 쓴 글을 따라 쓰는 것은 혼자서 해야 한다. 시간이 필요하다. A4 2장 정도 필사하는 경우, 20~30분 정도 투자해야 한다. 이 시간을 학원에 가서 하지 않아도 된다. 혼자서 정한 시간과 장소에서 규칙적으로 하면 매일 하는 일상이 된다. 커뮤니티 〈책성원〉 예비 작가들도 처음에는 필사에 대한 부담감을 가졌다고 한다. 짧은 글도 아니고 미션으로 A4 2장을 필사해야 한다고 하니, 이것에 대해 가능 여부부터 의심했다는 사람도 있었다. 굳이 그렇게 길게 써야 하는지 의문을 제기하고 싶었다는 사람도 있었다. 그런데도 믿고 필사를 했고, 그렇게 필사의 가치에 조금씩 눈을 뜨게 되었다고 한다. 직접 해보기 전과 해본 후의 생각이 180도 달라지는 것들이 있는데, 대표적인 것이 바로 필사라고 말하고 싶다. 남의 글쓰기, 즉 필사를 꾸준히 한다면 긴 글을 쓰는 것에 익숙해질 것이다.

긴 글을 쓰는 경우가 인생에 몇 번이나 있었겠는가? 거의 없었다. 짧은 글은 전화 메시지 보낼 때 수시로 쓴다. 하지만 긴 글은 쓸 기회가 없다. 그렇다고 우리가 인생을 살면서 긴 글을 쓰지 않아도 되는 것은 아니다. 가끔 찾아오는 긴 글쓰기는 꼭 있게 마련이고 그럴 때마다 안 해 봤기 때문에 괴로워진다. 필사라도 했다면 상황은 달라질 것이다. 어떤 내용이든지 필요한 분량을 채우는 데 도움이 된다. 필사하면서 뇌에 입력된 그 방식대로 긴 글을 써 내려가게 된다. 의식보다는 몸이 먼저 그동안 해왔던 긴 글쓰기를 기억하고 그것대로 손가락을 움직인다. 우리가 운전할 때, 기아를 "D"에 두고 가속 페달을 밟고 좌우 사이드미러를 보면서 출발해야 한다는 것을 매번 되새겨 기억하면서 운전하지는 않는다. 그것처럼, 몸은 긴 글을 쓸 때도 되새김 없이 기억한 대로 쓰기 시작한다.

또한, 긴 글쓰기에 대한 자신감이 생긴다. 사람의 감각은 생각 이상으로 파워를 가지고 있다. 한번 듣고 보고, 냄새 맡고, 만지고 맛보고 한 것들은 훨씬 익숙하게 그것을 받아들이게 한다. 짧은 시간, 감각으로 받아들인 경험이라도 뇌는 그것을 기억한다. 뇌의 위대함이다. 나는 시험공부를 할 때 나누어서 시험 내용을 익히려고 한다. 현재 나는 응급구조사 강사과정 중에 있다. 방학이지만 빡빡한 일정을 소화하고 있다. 9일 동안 교육을 받고 있다. 연수 과정이 끝나고 시험도 3종류나 치러야 한다. 이론시험, 실기시험, 강의 시험이다. 보통 기능시험에서는 이론과 실기시험만 치르면 되는데, 강사양성과정이라 강의 시험도 본다. 강의 시험은 직접 응급처치와 심폐소생술에 대해 말로 교육을 해야 한다. 이론 내용을 머리에 숙지해서 남 앞에서 강의해야 하는데, 남 앞에 서서 말하는 것도 긴장되지만 문제는 책 1권 분량의 내용을 외워야 한다는 것이다. 대학 때다 배운 내용이지만 양이 많은 관계로 특별한 전략을 세워야 한다. 시차를 두고 강의 내용을 반복적으로 보기로 했다. 이 방법이 머리에 기억하기에는 최고라고 생각한다. 교안 내용을 정리해서 그것을 반복해서 입으로 중얼거리면서 말했다. 결국 말로 가르쳐야 해서 공부할 때부터 내 입으로 말하면서 한다. 모든 것이 들어간 대로 나오기 때문에 말로 공부해야 말을 잘 할 수 있게 되는 것이다. 시험 내용을 나누어서 수시로 익히게 되면 나중에 그것대로 쓰고 말하게 되듯이 남의 글을 수시로 보고 필사한다면 역시, 그것대로 내 글도 쓰게 될 것이다.

처음부터 무리해서 내 글을 쓰려고 하지 말자. 글은 처음에 남의 글부터 쓰는 것이다. 남의 글 쓰는 과정을 건너뛰고 내 글부터 쓰려고 하니, 글쓰기는 피하고 싶었고 쓰는 중에는 괴로워 포기하고 싶었다. 수많은 글쓰기 포기자가 남의 글부터 써야 한다는 비밀을 모르기 때문에 발생했다. 내 글은 처음부터 잘 쓰지 못한다는 사실을 그냥 받아들이자. 처음부터 잘하는 사람은 세상에 단 한 사람도 없다. 처음부터 잘 쓰는 것처럼 보이는 사람이 있다면 자세히 들여다보면 그 사람도 숱한 글쓰기의 시행착오를 거쳐 글쓰기의 성장을 이루었을 것이다. 필사로 남의 글부터 서서히 쓰기 시작하자. 급하게 서두를수록 잘 안되는 것이 글쓰기인 만큼, 여유롭게 필사하면서 서서히 쓰기를 몸에 익혀보자. 조급증이 내 글쓰기를 망친다. 전혀 도움이 안 된다. 삶을 바꾸고 주변을 바꾸며 세상을 바꿀 수 있는 글쓰기. 남의 글부터 필사한다면 충분히 가능하다.

두려워 말고 필사부터 시작해라

두려움이란 감정 때문에 얻을 기회를 놓친다. 결단은 필요하겠지만 두려운 감정을 무시하고 과감히 행동한다면 생각 외로 두렵지 않음을 알게 된다. 두려움이 산더미처럼 커지는 이유는 상상 때문일 것이다. 어릴 때는 상상력이 풍부하다. 어른 또한 어떤 영역에 있어서는 그 상상력의 힘이 약하지 않다. 아이들이 주로 '귀신'의 존재에 대해 두려움을 가진다면 어른들은 새로운 영역에 도전하는 것을 두려워한다. 용기를 내어 두려움을 극복한다면 두려움 뒤엔 새로운 경험과 배움이 있다는 사실을 인지하며 많은 기회와 성장, 발전이 함께할 것이다.

코로나 방역체계가 바뀌었다. 새롭게 전환된 방역체계로 인해 교육청에서는 신속 항원 검사 키트를 각 학교로 배부했다. 나는 현재 보건교사로 일하고 있고 코로나 상황이 시간이 지날수록 다양한 변수를 일으켜 인내심과 체력을 충전 중이다. 이제는 신속 항원 검사키트의 배부에 대한 문제까지 발생했다. 개학을 앞둔 3월 첫 주에 당장 배부할 키트는 학생 1명당 1개의 키트이다. 우리 학교는 학생 700명 정도로 학생 수에 맞추어 교육지원청에서 배달됐다. 문제는 검사 키트가 1인용으로 포장된 것이 아니라 25개씩 1박스로 포장되어 있다는 것이다. 개인키트 검사에 필요한 구성품은 총 4가지로 4가지가 1세트로 포장되어 온 것이 아니라 각각 따로따로 25개씩 포장되어 1박스에 담겨 학교로 배달되었다. 이렇게 700개가량 왔다. 멘붕이 찾아왔다. 당장 나누어 주어야 할 날은 3일 뒤인데 이것을 어떻게 세트로 만드는 소분을 할 것인가? 완전 긴급상황이다. 두려움마저 들었다. 검사키트가 이렇게 두려운 존재인가? 상황이 우습지만 마음은 그랬다.

　보통은 학년 부로 검사 장비를 올려보낸다. 보건교사가 학년별로 즉, 1학년, 2학년, 3학년으로 구분해서 각 학년 보건실로 보낸 것이다. 사실 그 방법이 최선이다. 보건교사 혼자서 그 많은 것을 소분하고 앉아 있을 수가 없다. 코로나 대응 교육청 지침은 수시로 바뀌고 있다. 수시로 내려오는 공문을 읽고 해석하기도 바쁘다. 읽고 확인만 해서 끝나는 것도 아니고 실제 학교에 안내하고 적용해야 할 것들이다. 보건교사는 학교 전체를 대상으로 하는 업무들이 대부분이다. 담임이 25명 학급을 관리한다면 보건교사는 전교생, 전 교직원을 관리한다고도 볼 수 있겠다. 그렇기에 원활한 협조가 요구되는 일들이 대부분이다. 당장 검사키트를 소분하는 것도 각 학년 부와 함께 해결하는 것이 가장 합리적이다. 하지만, 당장 개학 날 학생들에게 키트 1개씩 나누어 주어야 하는데, 미리 소분하는 작업이 필요하다. 그래서 고민 끝에 생활 인권부장한테 어떻게 소분하면 좋을지 상의를 했다. 생활 인권부장은 다시 부장과 관리자가 모여 회의하는 기획 회의 시간에 이 긴급 사안에 대해서 의견을 제시했다. 방학이지만, 결국 하루 날 잡아 부장 교사들이 보건실로 모여 700개를 소분하는 것으로 의견을 모았다. 그렇게 무난히 소분하고 3일 뒤, 개학 날 전교생 대상으로 키트 배부는 원활하게 진행하였다. 두려움은 단지 하나의 과정일 뿐이었다. 갑자기 쏟아지는 업무로 두려움을 느낀 경험, 직장인이라면 종종 있을 것이다. 하지만 포기하는 것이 아니라 계속 생각하고 논의한다면 답은 찾게 된다. 두려움이 값진 것을 얻는 데 방해 요소가 되지 않도록 해야 한다.

책을 처음 쓰는 사람에게 가장 흔한 감정 상태는 두려움이다. '과연 내가 쓸 수 있을까? 괜히 쓴다고 방정떨다가 오히려 좌절감만 느끼고 포기하는 것은 아닌가?'라고 염려하고 걱정한다. 하지만 가만히 따져보면, 그것을 두려워할 필요는 없다. 쓰다가 못 쓰면 어떤가? 나를 비난할 사람은 아무도 없다. 오히려 남들과 달리 책 쓰기를 도전했다는 사실로 대단하다고 생각할 것이다. 성실하게 노력한 모습이 책을 쓴 시간만큼 아이들이나 가족들에게 모범이 된다. 엄마도 저렇게 열심히 자판을 두드리며 글을 쓰고 있는데, '나도 저렇게 하고 싶다.'라는 마음을 아이들에게 심어주는 값진 시간이 된다. 아이는 엄마의 모든 모습을 가슴에 담아둔다. 좋은 모습이든 나쁜 모습이든 아이의 마음에 엄마 자체가 그대로 복사된다. 얼마나 조심스러운가? 이런 상황에서 평범한 엄마의 모습보다는 조금은 다르게 책 쓰는 엄마의 모습을 아이의 심장에 심어준다면 어떨까?

두고두고 아이의 삶에 성장의 멋진 씨앗으로 남아있게 될 것이다.

　며칠 전, 〈책성원〉 채팅방에서 새로운 참석자가 있다는 알람이 울렸다. 미리 설정에서 누군가가 들어올 때 소리가 나도록 알람을 설정해두었기 때문이다. 생각지도 않은 등장이라 궁금해졌다. 이름을 보니, 남자분인 듯했다. 반갑게 인사를 하고 그동안 미션이나 세세한 이야기들이 있는 공지 사항을 먼저 천천히 읽어보길 권했다. 현재 〈책성원〉 온라인 모임을 한 지도 3개월이 지난 상태라 공지 사항에 내용이 많다. 새로운 사람이 들어왔을 때, 공지 사항은 출력해서 천천히 읽으면 좋다. 어떻게 〈책성원〉에 들어오게 되었는지? 질문하니, 아는 지인이 추천했고 또한 초대해서 합류하게 되었다고 한다. 다른 이유보다 지인을 통해서 참석했다는 말이 더 반갑다. "지인이 누구냐?"고 묻고 싶었지만, 그것은 묻지 않았다. 1~2시간 시간이 지나고 다시 알람이 울렸다. 그 사람이 죄송하다는 간단한 글을 남기고 본인은 바쁜 일이 있어 다음에 꼭 참석하겠다고 홀연히 오픈 채팅방을 나가버렸다.

　나는 궁금했다. 〈책성원〉 방에 들어올 때의 마음과 나갈 때의 마음이 어떨지. 공지 사항에는 미션에 대해서 자세히 쓰여 있다. 필사할 책과 필사 방법에 관한 내용도 있다. 그동안 〈책성원〉 커뮤니티를 운영하면서 필요하다고 느낀 것을 나는 그때그때 기록으로 남겼다. 수시로 수정을 하면서 깨달은 모든 내용을 적어 두었다. 아마도 많은 공지 내용이 책 쓰기에 관해 부담을 느끼도록 했는지? 오픈 채팅방에 참석한 지, 1시간도 지나지 않아 탈퇴한 사람에게 물어보고 싶었다. 스스로 들어왔다가 스스로 나간 가장 큰 이유는 무엇이냐고? 추측건대, 부담감과 두려움의 있지 않았을까 생각한다. 책을 쓰고 싶은 마음은 강렬하지만, 막상 하려니, 감정적으로 혼란스러울 것이다. 지금이라도 "두렵지만, 다시 시작해 볼게요."라고 도전해 보길 기대해본다.

책 쓰기에 대한 두려움을 극복하는 방법은 필사다. 필사하면 생각만큼 어렵지 않음을 알게 되고 마음도 안정된다. 또한 조금씩 글쓰기가 익숙해진다. 그냥 따라서 쓰면서 불현듯 떠오르는 아이디어를 마음에 담아 내 글을 쓸 때 참고로 하면 된다. 필사하다 보면, "아"라는 감탄사가 나올 때가 있다. '내가 왜 이것을 몰랐지?, 서론을 이렇게 쓰면 쉽구나, 본론이 아주 알찬 배추처럼 꽉꽉 찼구나, 결론은 어떤가? 마지막 부분에서는 다시 한번 강조하면 되는구나.'라고 깨닫는다. 글을 못 쓴다고 하는 사람의 대부분은 글을 자주 쓰지 않은 사람이다. 써보지도 않고 못 한다고 속단한다. 못한다고 말할 때는 어느 정도 도전을 한 이후에 나는 안 된다는 그런 의미가 되어야 하는데 해보지도 않고 지레 나는 아니야라고 생각한다. 시도도 하지 않은 글쓰기로 글을 잘 쓰는지 글을 못 쓰는지도 알 수가 없다. 설사 매끄러운 능변가처럼 글을 쓰지 못하더라도 편안히 자신에 대해 표현을 할 수 있으면 만족감이 찾아올 것이다. 그러면 된다.

책 쓰기가 처음에는 어색하고 어려우니, 필사부터 시작하는 것이다. 필사는 누구나 쉽게 할 수 있는 것 베껴 쓰기이다. 너무나 쉬워서 오히려 그 가치를 모르는 사람이 많다. 아무 생각 없이 그냥 베껴 써도 되나? 의심도 되겠지만 그냥 쓰면 된다. 그렇기에 필사가 중요한지 잘 모른다. 하지만 막상 필사해보면 하기 전과 하고 난 후에 큰 차이를 느낀다. 다르다는 것을 금방 알 수 있다. 단지 30일 만의 필사로 많은 변화를 느낄 수 있다. 단지, 베껴서 썼을 뿐인데, 나의 삶은 물론, 글쓰기에도 놀라운 변화들이 줄줄이 사탕처럼 따라 나온다. 책 쓰기에 대한 두려움은 접어 두고 그냥 필사부터 시작해 보는 거다. 응원을 보낸다.

필사의 기적, 내 삶에서 체험하자

바쁜 아침 시간, 나는 1꼭지 쓰기를 시도한다. 쓰기 전, 아침마다 읽던 네빌고다드의 책을 먼저 펼쳤다. 하지만 마음은 또 코로나19 관련 공문에 가 있다. 코로나19가 '위드 코로나'를 찾아가는 과정에서 지금 오히려 대혼란이 찾아왔다. 학교에서는 연일 확진자의 발생으로 어수선하다. 학생들뿐 아니라, 교사의 확진 소식도 많아졌다. 지금은 어느 곳에서 어떻게 감염이 되었는지 자신도 잘 모른다. 주변에 너무나 많은 확진자와 확진 가족이 있기 때문이다. 자신이 감염되었지만, 그 사실조차 모르는 일도 있을 것이다. 아침에 일어나서 공문부터 읽는 것이 마음이 편하다. 어제 읽은 내용이지만 오늘 읽으면 또 다른 내용이 눈에 들어온다. 공저 쓴 사람들이 서로 교차 검열을 통해서 오타 글자를 발견하듯이, 어제의 나와 오늘의 나는 시차를 두고 읽다 보면 새로운 것들을 발견한다. 코로나 관련 공문은 보건교사인 내가 가장 잘 이해할 수 있다. 한국말이지만 어떻게 해석하느냐에 따라 학교 적용이 달라질 수 있는 만큼, 매일 반복해서 신중히 들여다본다. 단 10분이라도 반복해서 읽으면 중요한 것을 놓치지 않을 수 있다. 이렇게 짧게 매일 공문을 들여다보기 때문에 학교 내 코로나19 감염 차단을 위해서도 발 빠르게 대응할 수 있다고 판단한다. 내가 잘 안다고 하는 내용도 다른 날 보면 다른 의미로 해석되는 일도 있어서 반복적인 행동이 무엇보다 중요하다고 여긴다.

필사도 마찬가지로 반복해서 쓴다. 처음 시작할 때 나는 필사처럼 무가치한 것도 없다고 생각했다. '남의 글을 베껴 쓰는 것이 무슨 도움이 되겠어?'라는 부정적 생각으로 필사와는 거리감이 있었다. 궁하면 통한다는 말이 있듯이, 꼭 써야겠다는 갈급함이 있으니, 필사도 다시 되돌아보게 되었다. 간절한 마음이 어떤 일을 달성하고 성과를 내는 데 크나큰 영향을 미친다는 것을 인정하지 않을 수가 없다. 학교 내 코로나19 대응을 맡은 보건교사라서 간절한 마음이 있었기에 매일 같이 공문을 읽고 또 읽으며 피곤한지 모르고 매달릴 수 있었듯이, 꼭지 글을 써내겠다는 각오로 꿈에도 생각지 않던 필사라는 것을 쓰고 또 쓰게 되었다고 볼 수 있겠다.

나는 2020년에 출간한 《내 인생 첫 책 쓰기 비법은 필사이다》에 책 쓰기를 위한 필사의 원칙을 적었다. 이 글을 쓰면서 다시 그 책을 펼쳐보았다. 필사의 목적은 크게 2가지이다. 책 속의 좋은 문구를 몸에 입력하여 삶에 적용하고 긍정적인 변화를 목적으로 하는 필사와 순전히 책을 쓰기 위한 필사이다. 내 몸에 좋은 문구를 새기기 위한 필사라면 기성작가의 유명한 책이나 위인들의 책을 선택하기를 권한다. 하지만 책을 쓰기 위한 필사는 그것과 달라야 한다. 목적이 다르므로 필사하는 방법도 다르다. 책을 쓰겠다고 하면서 유명한 작가의 유명한 책을 선택한다면 책을 쓰기 위한 목적을 중간에 포기할 수도 있다. 독서 모임에서 공저 쓰기 모임을 했었다. 나는 필사의 경험과 노하우를 조언했지만 베스트셀러 작가의 책을 선택한 사람이 있었다. 글쓰기에도 어느 정도 자신감을 느끼고 있었다. 다른 책으로 교체하기를 강요할 수 없는 상황이기에 그분의 필사를 지켜볼 수밖에 없었다. 하지만 예상대로 그 사람은 얼마 되지 않아서 필사도, 공저 쓰기에서도 어려움을 토로하였고, 결국 공저 쓰기를 포기했다. 이런 상황이 발생하게 된 이유에는 책 쓰기를 위한 필사에 집중하지 않았기 때문이라고 볼 수 있다. 사람의 욕심이 하나를 하면서 다른 것도 얻고자 하는 마음이 있다. 유명한 책을 필사하면서 책 쓰는 연습도 하고 유명한 책의 작가처럼 글도 잘 쓰고 싶은 욕심 때문에 이것도 저것도 안 되는 상황을 만들어 버리게 된다. 책 쓰기 필사는 오로지 책을 쓰기 위한 목적으로만 필사해야 한다는 것을 강조하고 싶다.

글을 잘 쓰는 것과 책을 쓰는 것은 조금 다르다. 물론, 책을 쓰는 사람이 글도 잘 쓰면 나중에는 훨씬 많은 성장을 할 수 있다. 하지만 글을 잘 쓴다고 해서 책을 반드시 잘 쓸 수 있는 것은 아님을 인지하고 있어야 한다. 책 쓰기는 방법을 알아야 하기에 자만심을 가지고 시작했다가는 좌절감으로 포기하는 수도 있다는 점을 기억해야겠다.

내가 필사하지 않았다면 나는 지금도 책 쓰기를 헤매고 있었을지 모른다. 책 쓰기는 나에게 새로운 돌파구였다. 2017년 책 쓰기 시작한 나는 심적으로 힘든 상황이었다. 직장에서뿐 아니라 가정에서도 여러 어려움을 겪고 있었다. 모든 것이 복합적으로 작용하여 나의 자존감은 바닥이었다. 바닥인 심리를 다시 끌어 올리기 위해서는 새로운 도전이 필요했다. 그래서 생각한 것이 책 쓰기였다. 육아를 통해서 이미 독서의 가치를 알고 실천하고 있었던 나는 독서를 주제로 책을 쓰기 시작했다. 하지만 처음 하는 책 쓰기가 쉬울 리 없었다. 다른 사람보다 더욱 난항에 부딪힌 나는 필사라는 것을 시작했다. 사실 필사는 책을 써야겠다 마음먹은 순간부터 자연스럽게 생각한 것이었지만, 반신반의했다. 필사가 얼마나 도움이 될지, 의심스러웠다. 하지만 다른 방법이 없었다. 책을 쓰려면 책에 있는 내용을 내가 쓸 수 있어야 하기에 일단은 그대로 베껴 쓰는 방법이 필요하다고 여겼다. 크게 기대하지 않았지만, 특별히 책을 쓸 방법을 알지 못했기에 말 그대로 그냥 시작한 필사가 책 쓰기를 배우는 최고의 방법임을 알게 되었다. 비싼 돈을 들여도 쓰지 못할 수도 있는 것을 필사라는 단순하면서 쉬운 방법으로 해결했고 그것이 책 쓰기의 최고 비법임을 직감적으로 알게 되었다.

필사하면서 책 쓰기가 나의 현실이 된다. 독서 모임 외에 나는 새로운 공저 쓰기 시작했다. 독서 모임에서는 이미 공저원고가 마무리되었다. 이제 투고하는 과정 중에 있다. 《엄마의 책 쓰기》를 출간 후 나는 재능 기부 차원에서 새로운 공저팀을 꾸렸다. 이것은 출간기념이다. 여러 사람이 참석 의사를 밝혔고, 지금은 〈책성원〉 이라는 모임을 통해서 공저 쓰기 프로젝트를 다시 진행하고 있다. 이 원고도 〈책성원〉 예비 작가들과 쓰고 있는 원고이다. 필사를 통해서 얻은 경험을 바탕으로 나의 조언대로 사람들은 공저를 쓰기 위해 필사부터 시작했다.

필사 후 사람들의 가장 큰 변화는 글쓰기에 대해 자신감이 생겼다는 것이다. 사람에 따라 정도의 차이는 있다. 우리가 글을 쓸 때 가장 먼저 드는 감정이 자신감 부족이다. 왜냐하면 긴 글을 써본 경험이 많지 않기 때문이다. 하지만 직접 자판을 두드리며 필사하다 보면 자신이 글을 직접 쓰는 느낌이 든다. 비록 내 글은 아니지만. 내가 쓰고 있다는 느낌, 그 자체가 중요하다. 직접 자판 치면서 A4 2장을 쓰는 경험을 하게 되고 쓰는 것에 대해서 부담을 줄이며 긴 글 쓰는 감을 잡아가는 것이다. 이것이 자신감으로 이어져 나도 한번 해볼까 하는 생각을 하게 된다. 자신감은 행동을 유발한다. 우리가 쉽게 실천하지 못하는 중요한 이유 중 하나가 자신감이 없어서이다. 책을 쓰고 싶은 마음은 강렬하지만, 행동으로 옮기지 못하는 수많은 사람이 이 자신감 때문에 발목이 잡혀 책 출간이란 꿈을 이루지 못한다. 그런데 필사가 그 자신감을 얻게 해준다. 긴 시간이 필요한 것도 아니다. 30일 필사이면 쓰기에 대한 자신감을 장착할 수 있다. 사람에 따라 편차는 있지만, 최소 30일 필사로 쓰기에 대한 변화를 느끼게 된다. 책 쓰기에는 다른 무엇보다 '나도 할 수 있다'라는 의식이 필요한데, 필사 30일을 통해서 이런 의식을 가지게 된다면 이것이 바로 내 생에 기적 같은 책 출간을 가능하게 하는 것이다.

필사의 기적, 내 삶에서 경험해보자. 남들이 아무리 좋다고 해도 알지 못한다. 내가 직접 경험해보기 전에는. 이제, 책 쓰기의 간절한 소망, 마음에만 숨겨두지 말고 필사부터 시작하는 것이다. 평생 간직한 소망에 이제는 힘을 실어줄 때가 되었다. 필사가 그 힘이 되어 줄 것이다. 책을 쓰기 위해 다른 곳을 헤매지도 말자. 퇴근 후 시간이나 새벽 시간에 조용히, 혼자서 자판을 두드려보는 것이다. 색다른 경험이다. 이른 아침이라면 더욱 좋다. 아무도 깨어있지 않은 조용한 시간, 자판 두드리는 소리와 1꼭지 흐름만이 나의 귀와 의식에 머물게 해보자. 1꼭지의 구조가 느껴질 것이다. 부드럽게 자판 두드리는 소리가 마음 깊이 간직한 '작가'라는 욕망에 불을 지펴놓을 것이다. 이렇게, 세상에서 가장 소중한 나에게 기회를 주자. 필사로 변화하는 나를 지켜보자. 조금씩 자신감을 얻고 '나도 이제, 책이란 것을 써보자'라는 심정으로 한 문단씩 끄적거리는 자신을 발견하게 될지 모른다. 1권 분량의 원고를 완성하고 출간까지 이어져 삶의 활력을 찾고 새로운 인생 목표까지 얻는다. 그 목표로 가슴 떨리는 삶을 살게 될 것이다. 이제 내 삶에서 필사의 다양한 기적을 지켜보자.